국어공부
10회로 승부하기

초판 1쇄 발행 2012년 7월 23일
초판 2쇄 발행 2012년 8월 13일

지은이 강영길
펴낸이 김남중
책임편집 이수희
마케팅 이재원

펴낸곳 한권의책
출판등록 2011년 11월 2일 제25100−2011−317호
주소   121−883 서울 마포구 합정동 411−12 3층
전화   (02)3144−0761(편집) (02)3144−0762(마케팅)
팩스   (02)3144−0763
종이   월드페이퍼 **인쇄·제본** 현문인쇄

값 14,800원 ISBN 978−89−968777−2−1 13370

국립중앙도서관 출판시도서목록(CIP)

국어공부 10회로 승부하기 : 읽기만 해도 언어영역 1등급 / 강영길
지음. − 서울 : 한권의책, 2012
 p. ; cm

 ISBN 978-89-968777-2-1 13370 : ₩14800

국어(교과과목)[國語]
학습법[學習法]

710-KDC5   CIP2012003148

국어공부
10회로 승부하기

읽기만 해도 언어영역 1등급

| 강영길 지음 |

한 권의 책

차례

chapter 1

우리반친구들

휴대전화가 경기를 일으키듯 몸부림을 친다. 동현이가 보낸 문자 메시지다. 기다리던 차라 얼른 열어보았다.

'나 깁스했다. 다리 금 갔어. ㅋㅋ'

나는 손가락이 안 보이도록 재빨리 답 메시지를 보낸다.

'집에는 뭐라고 했어? 솔깠냐?'

금세 답이 도착한다.

'축구하다 걸려 넘어졌다고 했지. 빙신이냐, 그걸 까게?'

오늘 점심시간에 학교에서 동현이를 비롯한 같은 반 친구들 세 명이 담배를 피우다 걸릴 뻔했다. 셋이 체육관 옆에서 담배를 피우는 동안 나는 모서리에서 망을 봐줬다. 그때 저 멀리 담임선생님이 나타났다.

"담탱이다!"

내가 다급하게 속삭이자 셋은 후닥닥 담을 넘어 달아났다. 두 친구는 잘 내뺐는데 동현이는 넘어지고 말았다. 후닥닥 몸을 일으키던 동현이는 움찔하며 털썩 쓰러지더니 다리를 부여잡고 신음했다. 다리를 접질린 모양이었다.

'갈비가 뭐라고 하디?'

'별 말 없었어. 수포(수능 포기)하지 말라고……'

'갈비'는 담임선생님이 '갈수록 비호감'이라는 뜻에서 우리가 붙인 별명이다. 특히 동현이는 담임선생님이라면 질색을 했다. 사사건건 원리원칙을 내세운다는 게 불만이다. 하지만 담임선생님은 존경할 만한 면이 있는 분이다. 교육자로서의 원칙과 주관이 뚜렷하다는 점에서 요즘 선생님 같지가 않다.

점심시간에 담임선생님과의 상담이 있어 교무실로 갔다. 명수와 은하도 벌써 와 있었다. 명수는 친구들 사이에 '은따(은근한 따돌림쟁이)'로 통하는 친구다. 다른 아이들과는 어딘가 다른 구석이 있다. 선생님은 나와 명수에게 다른 과목에 비해 취약한 국어 성적을 올리는 데 최선을 다하라고 당부했다.

"둘 다 수능 때까지 포기하지 말고 국어 공부를 열심히 하도록 해. 선제는 남은 기간 동안 계획 있어?"

"네, 이번 주부터 과외를 하고 있어요."

"좋아. 명수는?"

명수는 늘 그렇듯이 고개만 숙인 채 말이 없었다.

"명수도 어떻게든 열심히 하고."

명수는 여전히 묵묵부답했다. 나는 말없는 명수를 보며 저 아이의 가슴속에는 남다른 칼날이 숨겨져 있다는 생각을 했다. 명수는 강남에 사는 우리와 어딘가 다른 아이다. 마냥 철부지 십대 같은 아이들 틈에서 명수는 서너 살쯤 웃자란 형 같다.

묘한 일이다. 명수와 나는 다른 과목은 거의 만점을 받는데 국어만 유독 4등급을 헤맨다. 그래서 나와 명수는 늘 함께 담임선생님의 상담을 받는다. 둘이 똑같은 문제를 안고 있는 탓이다.

은하는 가끔씩 예기치 않은 행동을 해서 반 아이들을 웃게 만드는 아이다. 그래서 '사차원'이라는 별명이 붙었다. 은하는 다른 문제로 상담할 게 있다고 교무실에 남았다.

"넌 국어 공부 어떻게 해?"

교무실을 나와 교실로 돌아오는 길에 명수에게 물었다.

"그냥, 혼자."

명수가 입가에 미소를 머금으며 말했다. 명수는 여럿이 있을 때와 달리 단둘이서 이야기할 땐 곧잘 미소를 짓곤 했다.

"왜, 과외 같은 것 하면 도움이 될 텐데……."

명수는 더 이상 대꾸가 없었다.

나와 명수가 교실에 들어서자 몇몇 짓궂은 아이들이 환호와 함께 박수를 쳤다.

"오우, 범수 강림하셨다. 박수!"

아이들은 명수를 '범수'라고 불렀다. '모범생 명수'라는 뜻이다. 명수가 조금만 눈에 띄어도 아이들은 이렇게 명수를 놀려댔다. 하지만 명수는 거기에 대해 일언반구 대꾸가 없다. 힘깨나 쓰는 애들이 명수의 머리를 툭툭 치고 지나갔다. 그중 무교가 가장 감사납다.

"십장생, 점심은 먹었냐?"

무교가 명수의 머리를 툭 치며 비웃었다. '십장생'은 '십대부터 장래를 생각한다'는 말인데, 명수가 손에서 책을 놓지 않는 것을 비꼬아 부르는 말이다. 명수는 점심시간이면 늘 밥을 거른 채 책을 들고 도서관으로 간다. 아무리 고3이라지만, 앉으나 서나 책만 끼고 다니는 명수를 아이들은 고깝게 여긴다. 명수가 점심을 굶는다는 걸 대부분 모르고 있다. 몇몇 아이들이 그런 사실을 눈치 챘지만 명수의 자존심을 생각해서 부러 모르는 척한다.

무교는 반에서 무법자나 다름없다. 2학년 때 전학 온 무교는 걸핏하면 아이들을 괴롭히는 걸로 소문이 자자하다. 조금만 얕잡아 보이면 이내 시비를 걸고 괴롭힌다. 그렇다고 일진이니 조폭이니 하는 조직을 갖고 있는 것은 아니다. 근거 없는 소문이긴 하지만 전에 다니던 학교에서 싸움을 가장 잘했다는 얘기가 있어서 아무도 무교를 건드릴 엄두를 못 냈다. 무교는 외관상 당당한 체격을 가졌고, 운동도 아주 잘했다. 걸핏하면 야동을 들이대거나 예전에 사귄 여자아이들의 이야기를 영웅담처럼 늘어놓곤 했다. 아이들은 그런 무교를 별로 좋아하지는 않았지만 명수를 놀리는 데는 꽤 동조했다.

아이들은 누군가를 집단적으로 괴롭히는 데서 은근한 우월감과 재미를 느끼는 것 같다. 또는 괴롭힘을 당하는 쪽이 아니라 괴롭히는 쪽에 속한다는 데서 위안과 소속감을 얻는지도 모른다. 어느 학교에서나 왕따 문제로 골머리를 앓는 것도 그래서일 터다. 고등학교 교실을 둘러보면 열이면 열, 왕따가 아니더라도 은근히 놀림을 받는 아이가 반드시 한두 명은 있다.

수능까지 두 달 남짓 남으면서부터 반 아이들의 양상이 확연히 구분되기 시작했다. 공부를 포기한 아이들은 학교생활이나 교내 질서 따위에 전혀 관심이 없다. 시험을 봐도 내리 잠만 자거나, 입을 다물고 있으면 좀이 쑤시는지 하루 종일 시시덕거린다. 음악을 듣거나 만화책을 들여다보는 아이들도 있다. 반면 수능을 준비하는 애들은 이런 어수선한 와중에도 끈질기게 공부를 한다.

마지막 두 달간의 수업만을 남겨놓은 고3 교실은 종말을 앞둔 인류가 어떤 삶의 태도를 취할지 유추해볼 수 있는 공간이기도 하다. 최후의 순간까지 최선을 다하든지, 혹은 포기하거나 방관하든지, 그마저도 아니면 다른 누군가를 방해하며 괴롭히든지……. 모두가 각자의 방식으로 극단적인 삶을 산다. 그중에서도 명수는 상황이 어떠하든 묵묵히 자기 길을 가는 대표적인 친구다.

'며칠 학교에 못 간다. 애들한테 명수 괴롭히지 말라고 해라.'

동현이는 유독 명수를 챙긴다. 딱히 절친한 사이도 아니면서 명수를 생각해주는 동현이가 신기할 정도다.

동현이는 나와 초등학교 때부터 친구다. 예전에는 동현이네도 우리 집 못지않게 잘살았다. 집이 워낙 부자인데다 공부까지 잘하니 아이들에게 선망의 대상이었다. 최근 들어서 공부와는 담을 쌓고 살지만 고2 때까지만 해도 둘째가라면 서러울 정도로 머리가 좋고 성적이 뛰어난 우등생이었다. 그런 동현이가 고3 올라오면서부터 공부에 완전히 손을 뗀 까닭은 집안 문제 때문이다.

'그래, 놀지만 말고 너도 공부 좀 해라.'

'시끄럽다 씨댕아.'

동현이가 보내는 문자 메시지에는 욕이나 비속어가 빠지지 않는다. 비록 말은 거칠지만 그렇다고 동현이가 나쁜 아이는 아니다.

하교할 때 기사 아저씨가 나를 데리러 왔다. 교문 앞에서 차를 타고 나오는데 명수가 버스정류장 쪽으로 혼자 걸어가고 있었다.

"명수야, 잘 가라."

내가 크게 소리치자 명수는 대답 없이 씩 미소만 지어 보였다.

chapter 2
첫 번째 수업
일정 프로그래밍

집으로 돌아오는 길에 첫 과외 수업을 돌이켜보았다.

"마지막 3개월은 프로그래밍이다."

바위 같은 확신에 차서 말하던 선생님의 표정이 떠올랐다. 처음 듣는 말이었지만 나는 금세 매료됐다. 마지막 3개월을 어떻게 보내야 하는지가 명료하게 드러나는 표현이었다. 물론 선생님이 실제로 제시한 것은 마지막 3개월의 일정이 아니라 고3 학생이 어떻게 1년의 일정을 짜야 하는지에 대한 모범 답안이었다. 그러나 수능을 불과 3개월 앞둔 나로서는 내 상황에 맞아떨어지는 이 말이 인상적으로 다가왔다.

"3개월, 기출문제 풀이와 틀린 문제에 집중하라."

너무나 단순한 이야기다. 하지만 그 유명한 콜럼버스의 달걀 이야기도 그렇다. 달걀을 세로로 세우는 데 모두가 실패하고 애를 먹을 때 콜럼버스는 달걀의 한쪽 꼭지를 깨뜨려서 바로 세웠다. 사람들은 "그렇게 하면 누가 못하느냐"고 일제히 비난했다. 하지만 콜럼버스가 달걀을 세웠기 때문에 비판할 수 있었던 것이다. 마찬가지로 선생님의 이 한마디는 아주 쉽고 누구나 할 수 있는 말이지만, 그토록 확신에 차서 이야기하는 사람은 드물다. 틀림없이 선생님이 가진 무언가가 있을 것이다. 나는 그걸 알아내야 한다. 마지막 3개월의 방정식이랄까.

마지막 3개월의 시간 관리가 성적을 좌우한다

소문이나 명성은 사람을 훨씬 더 신화적으로 만든다. 나는 전부터 최 선생님의 실력에 대해 많이 들어왔기 때문에 적이 기대를 했다. 아니, 기대라는 표현은 좀 어울리지 않는 것 같고 내 나름대로 적당히 상상을 했다. 카리스마 넘치는 외모와 호소력 짙은 목소리로 학생들의 눈과 귀를 사로잡는 마력을 지닌 열정적인 인물일 것이라고 말이다. 그러나 직접 만나본 최 선생님의 첫인상은 내가 상상했던 이미지와 전혀 달랐다.

최 선생님을 처음 만났을 때, 나는 내 눈을 의심했다. 두 시간 강의에 250만 원을 받는다는 최고의 인기 강사라고 하기에는 초라하고 볼품없는 외모였다. 키도 작고 목소리는 가늘었다. 그런가 하면 쑥스러운 듯 내 눈을 똑바로 쳐다보지도 못했다. 강의라기보다 옛날 민담을 들려주는 듯 아주 조용조용한 말씨였다. 어디를 봐도 족집게 강사다운 예리한 맛이 없었다. 하지만 최 선생님이 들려주는 수업 내용은 이제까지 들어온 강의와는 달랐다. 듣다 보면 어느 순간 '아, 내게 그런 허점이 있었구나', '앞으로는 이렇게 하면 좋겠구나'라고 스스로 깨닫게 되는 통쾌함이 있었다.

과연 최 선생님의 강의가 내 인생을 바꿀 수 있을까? 70점대 초반에서 끊임없이 자맥질하는 국어 성적을 불과 10주 만에 만점에 가까운 수준으로 끌어올릴 수 있을까? 나는 부모님과 옆에서 지원 사격을 아끼지 않는 이모를 실망시키지 않고 서울대학교에 합격할 수 있을까? 알 수 없는 노릇이다. 하지만 이제 와서 다른 무언가를 선택하고 깊이 고민하기에는 시간이 촉박했다. 지금으로선 최 선생님에게 모든 것을 걸 수밖에 없다.

"반갑다. 오늘은 첫 시간이니까 공부 일정, 즉 프로그램에 대해 이야기할 거야. 수험생이 모름지기 어떻게 시간을 보내야 언어영역 점수를 잘 관리하는가에 대해서 말이지."

선생님은 잠시 말을 끊었다가 이었다.

"석 달이라는 시간이 길지는 않지만, 수험생에게 마지막 3개월은 어쩌면 지난 10년 못지않게 중요할지 몰라. 이 기간을 어떻게 보내느냐에 따라 이후 희비가 엇갈릴 수 있거든. 솔직히 말해서 나는 네 점수를 반드시 올려주겠다고 장담하지 못하겠다. 내가 가르치는 학생들이 모두 점수가 오른다면 나는 기계가 아니겠니? 나한테 배우고 나서 점수가 오른 학생도 물론 있지만 떨어진 학생도 있어. 설령 점수가 떨어진다고 해도 학생이나 부모님이 과외 선생에게 손해배상 청구소송을 하진 못할 테니까 내가 대충 가르쳐도 어쩔 수 없는 문제야. 하지만 나는 내가 할 수 있는 최선의 방법으로 남은 기간 동안 너를 가르칠 작정이야. 물론 그렇게 하는 것이 나의 역할이지만. 너도 나를 확실하게 믿어주기 바란다. 네가 나를 믿지 않으면 아무런 변화도 기대하기 어렵다. 10주간의 수업을 통해 네 점수가 틀림없이 오를 것이라는 암시에서 우리의 만남이 시작돼야 해. 그러니까 나를 만난 순간 더 좋은 결과가 있을 거라는 확고한 믿음을 가져줘. 지금까지 네 성적이 주로 4등급이었으니까 적어도 3등급, 좀 더 노력해서 2등급, 아주 행운이 따라주면 1등급 혹은 만점을 노린다고 생각하자. 자, 그럼 하나씩 문제를 짚어 나가볼까?"

선생님은 크게 숨을 고르고는 선언하듯 한마디 덧붙였다.

"잘 기억해둬라. 마지막 3개월은 프로그래밍이다."

"프로그래밍……? 그게 무슨 말씀이세요?"

"마지막 3개월 동안 어떤 프로그램을 따라가느냐에 따라 입시 점수에 엄청난 변화를 줄 수 있다는 뜻이야. 마지막 3개월 동안 제대로 된 길을 가면 우리가 원하는 변화도 기대할 수 있어. 하지만 마지막 3개월을 밑도 끝도 없이 문제만 풀어대면 성적은 제자리걸음을 하거나 오히려 점수가 떨어질 수도 있지. 많은 학생들이 고3 마지막 3개월 동안 문제만 마구잡이식으로 푸는 경향이 있어. 시간을 가장 어리석게 사용하는 케이스다."

"학교에서도 요즘은 문제만 계속 풀게 하는걸요."

"아마도 그럴 거다. 하지만 문제만 풀어서는 아무것도 해결이 안 돼. 다시 말하지만 고3 마지막 3개월은 프로그래밍이야. 일정을 제대로 세워서 거기에 잘 따라가야 해. 그 일정을 오늘 내가 제시하려는 거다."

고3 마지막 3개월의 일정에 최후의 성적이 좌우된다는 그 말이 참 신선하게 들렸다.

"그럼 마지막 3개월을 어떻게 보내야 하는데요?"

"대학입시 기출문제를 열심히 풀고 마지막에 그동안 틀린 문제를 집중해서 점검해야 한다. 나중에 또 얘기하겠지만 이것만 지킨다면 너는 앞으로 나랑 공부하지 않아도 돼. 마지막에 기출문제를 풀고, 네가 그동안 틀린 문제를 확인하는 과정만으로도 언어영역 등급을 끌어올릴 수 있어. 하지만 대부분은 불안하고 쫓기는 마음에 이런 일정을 무시하지. 내가 반복해서 강조할 테지만 꼭 기억해두기 바란다."

최 선생님은 우선 모의고사 문제지를 달라고 했다. 그동안 틀린 문제를 보고 앞으로 어떻게 공부할지 방향을 정하자고 했다. 시간이 많이 남았으면 근본적인 처방을 하겠지만 워낙 촉박하니 당장 꼭 필요한 부분부터 보충해가겠다는 것이다.

모의고사 문제지를 점검하던 선생님이 한마디 덧붙였다.

"참, 아직 내 이름을 말하지 않았지."

선생님은 알 듯 모를 듯 미소를 지었는데 입가에 띤 미소와 달리 눈에는 서글픈 그림자가 잠시 스쳤다. 뜻 모를 표정은 이내 사라지고, 선생님은 아무 일도 없었다는 듯 다시 모의고사 문제지를 빠르게 훑어갔다. 선생님이 무언가 의미심장한 말을 남긴 것 같았지만 나는 더 묻지 않았다. 과외 선생의 이름 같은 건 나와는 아무 상관없는 일이니까.

틀린 문제를 다시 틀린다

문제지 검토가 끝나자 선생님은 전날 가르쳤던 학생들의 공부 방법과 성적에 대해 이야기를 들려주었다.

"네가 지금까지 이런저런 노력을 다해도 4등급에 머물러 있었다니, 이번에는 내가 제안하는 방법을 시도해보자. 이게 아닌데, 싶더라도 속는 셈치고 나를 믿어봐."

선생님이 어찌나 확신에 찬 말투로 이야기를 하던지 나도 조금씩 마음이 움직였다.

"우선 네 문제를 어떻게 치료할지 생각해보자. 여기 너와 네 여자친구 말자가 있는데…….."

순간 '말자'라는 이름이 유치하고 웃겨서 나는 픽 웃었다. 학원 강사들 대부분이 웃기는 방법으로 학생들의 눈과 귀를 사로잡지만 최 선생님은 달랐다. 수업은 처음부터 끝까지 학구적이고 진지했다. 농담을 하지 않아도 시간 가는 줄 몰랐다. 선생님이 가끔 한마디씩 싱거운 우스갯소리를 하면 그때서야 나도 긴장을 풀고 빙긋 웃곤 했다.

"선제와 말자가 언어영역에서 똑같이 90점을 받았어. 선제가 틀린 문항은 10, 20, 30, 40, 50번으로 모두 2점짜리야. 같은 점수인 말자도 10번을 틀렸다면 마찬가지로 20번을 틀릴 확률이 매우 높지. 말자가 실제로 10번과 20번을 틀렸다면 다음에는 30번을 틀릴 확률이 90퍼센트 이상으로 높아져.

학생들 중 상당수가 같은 사고 유형의 문제를 틀린다는 뜻이야. 같은 문제 유형이 아니라 같은 사고 유형을 틀리는 거다. 따라서 어떤 학생이든 과거에 본 시험지를 쭉 살펴본 후 자신이 잘 틀리는 사고 유형을 집중적으로 훈련하는 게 중요해. 그동안 풀었던 문제지를 잘 살펴보면 누구라도 자신이 틀리는 사고 유형을 파악할 수 있어. 그리고 사고 유형별 진단이 나와야 단기간에 점수를 높이는 처방도 찾을 수 있고. 앞으로 남은 기간 동안 여기에 대한 구체적인 대안을 마련하고 풀어 나가자.

흥미로운 점은 많은 학생들이 교정 효과를 3개월밖에 유지하지 못한다는 거야. 아무리 점수가 올라도 3개월이 지나면 원래의 성적으로 돌아가는 경향이 있어. 따라서 시험을 한참 남겨놓고 이 방법을 시도하면 효과가 없어진다. 이 방법뿐 아니라 시험을 잘 보는 요령들은 실력을 근본적으로 올리는 게 아니기 때문에 효과가 오래 가지 못해. 그래도 걱정 마라. 3개월은 유지되니까.

과외를 받고 성적이 급격하게 올랐던 학생들 중 상당수가 나중에 도로 성적이 떨어졌다고 해. 또 여름방학 전까지는 안정됐던 국어 점수가 정작 대학입시 때 엄청나게 떨어졌다는 말도 있고. 거기에는 다 이유가 있어. 그게 바로 '3개월 효과'인 거야.

그동안 학생들을 가르치면서 상위권에 있는 학생들을 대상으로 실험을 해봤어. 다시 선제의 이름을 좀 빌릴게. 지난 3월 모의고사에서 선제가 5번 문제를 틀렸다 치자. 정답은 3번인데 선제는 1번을 선택해서 틀린 거야. 왜 1번이 틀렸고 3번이 정답인지 해설을 듣고 나서는 이해를 했어. 시간이 흘러 5월 말쯤, 그와 동일한 문제를 다시 보면 선제는 틀렸던 번호와 정답까지 아주 잘 기억해. '정답이 3번인데 나는 1번을 골랐었어'라고 생각하면서 이번에는 정답인 3번을 선택하지.

하지만 3월에 문제를 풀고 나서 까맣게 잊고 있다가 6월 말쯤 돼서 동일한 문제를 풀면 어떻게 될까? 이때는 말 그대로 극소수의 학생만 자신이 틀렸던 문제를 알아본다. 서울대학교에 진학한다는 똑똑한 학생들도 마치 귀신에 홀린 것처럼 처음에 자신이 답으로 골랐던 1번을 선택하는 거야.

사람은 자신이 원래 갖고 있던 사고 유형에서 크게 벗어나지 못해. 그러니까 대학입시를 보기 3개월 이내에 앞에서 말했던 사고 유형 훈련을 하는 게 좋아. 물론 그 전에는 가능한 한 근본적인 체질 개선, 즉 사고의 개선을 하는 게 중요하지."

오답의 진단은 처방의 지름길

최 선생님은 내 모의고사 시험지에 간단한 기록을 하면서 훑어본 다음 원론적인 이야기부터 꺼냈다. 선생님은 어떤 주제를 시작하거나 화제를 바꿀 때면 꼭 "자"라고 운을 떼는 습관이 있었다.

"자, 구체적인 문제에 접근하기 전에 포괄적인 접근과 기술에 대해 생각해보자. 대학입시 국어 문제는 누구나 만점을 맞을 수 있어. 왜냐하면 대학입시 국어 시험에서는 사전(事前)지식을 묻지 않거든. 따라서 공부를 열심히 했든 하지 않았든 언어감각이 뛰어난 학생이라면 얼마든지 만점을 받을 수 있다. 가령 전교에서 꼴찌를 할 만큼 공부를 안 했더라도 머리가 좋고 특히 언어감각을 타고났다면 시험 당일 한 문제도 안 틀릴 수 있다는 거지.

믿기 어렵겠지만 나는 실제로 그런 여학생을 만나본 적이 있다. 나와 친분이 있는 아이인데 머리가 굉장히 좋은데도 공부를 전혀 하지 않아서 성적은 늘 밑바닥이었어. 시험 보기 두 달 전에 그 아이의 어머니가 백두산 봉우리만큼 걱정을 싸들고 나를 찾아오셨지. 아이가 본 시험지를 보여주면서 어떻게 하면 좋겠냐며 조언을 구하셨는데, 막상 시험지를 훑어보니까 걱정을 하지 않아도 되겠더구나. 나는 '따님은 운만 좋으면 만점을 받을 수도 있겠어요'라고 말씀드렸어. 그래, 그 어머니도 지금의 너처럼 믿기 힘들다는 표정을 지었지. 실제로 그 아이는 대학입시 언어영역에서 만점을 받았단다.

자, 내가 '운이 좋으면'이라는 전제를 뒀잖아. 그것은 '사전지식을 묻는 문제가 안 나오면'이라는 말로 바꿀 수 있어. 국어 시험에서 사전지식을 묻는 문제는 어휘 문제야. 가령 고사성어나 사전(辭典)적인 어의(語義)를 묻는 경우지. 어휘를 공부하고 외웠거나 알고 있어야만 풀 수가 있어. 이런 문제는 한 해에 한두 문제 정도 나와. 전체 점수에서는 5점 정도의 영향을 준다.

그 외의 모든 국어 문제는 주어진 내용에 답이 들어 있다고 봐도 무방해. 따라서 어떤 학생이든 문제를 꼼꼼하게 읽기만 하면 적어도 90점은 나온다는 얘기다. 선제 너도 반드시 이 점수를 받을 수 있다는 걸 의심하지 마라."

나는 이 말을 믿지 않았다. 아니, 믿을 수가 없었다. 지금까지 온갖 다양한 방법으로 공부했고 유명하다는 과외 선생님들을 초빙해서 강의를 들었으며 학원을 열심히 쫓아다니기도 했지만 점수는 요지부동이었다. 그런데 불과 10주 만에 90점을 넘기는 게 내게 가능할까? 상식적으로 생각해도 있을 수 없는 일이었다.

"자, 네 시험지를 살펴보니 몇 가지 특징이 있어. 첫째는 시간이 부족했다는 게 확연하게 드러나는구나. 보통 지문이 네 개쯤 남았을 때 다급해지지?"

나는 깜짝 놀랐다. 고작 모의고사 시험지 몇 장을 훑어봤을 뿐인데 어떻게 그 사실을 알아챘을까? 나는 시험을 볼 때마다 거의 매번 언어영역에서 마지막 지문 네 개를 제대로 풀지 못했다. 지문 네 개가 남았을 때쯤 시계를 보면 항상 시험 종료 10분 전이다. 그때부터는 불량배에게 쫓기듯 정신없이 문제를 푼다. 옆에 어떤 골목이 있는지 어떤 건물이 있는지 따질 겨를이 없다. 사과를 처음 깎는 사람이 과육의 절반을 도려내듯 지문은 대충 읽고 문제만 보면서 겉보리 까불듯 문제를 푸는 것이다. 이 때문에 글자는 폴폴 날아가버리고 틀린 문제만 남는다.

최 선생님은 한눈에 그 사실을 알아차렸던 것이다. 나는 인정할 수밖에 없었다.

"그리고 어휘 문제에 취약하구나. 이 문제는 참 힘들다마는……. 어휘 문제는 오랜 시간 공을 들여야 극복할 수 있거든. 나머지는 고전문학 문제를 좀 틀렸고. '보기'를 준 문제에서도 많이 틀리는데 이것 역시 거의 모든 학생들이 공통적으로 안고 있는 어려움이지. 음, 또 보자. 쓰기 문제를 몇 개 틀렸구나. 가장 해결하기 쉬운 게 쓰기 문제야. 이건 뭐 2, 3주면 해결될 거야. 시간 부족 문제는 마지막에 해결하자."

최 선생님은 나에게 들려주기 위해서라기보다 시험지를 읽으며 혼잣말을 하듯 중얼거렸다. 이런 문제들을 해결할 수 있겠다는 전문가의 확신 같은 것이 느껴졌다. 잠시 후 선생님은 고개를 들어 나를 바라보았다. 아니 정확하게 말하면 내 쪽으로 시선을 주었으나 나를 정면으로 보진 않았다.

"자, 앞으로 우리에게 주어진 시간이 많지 않아. 한의사처럼 네 체질을 근본적으로 개선할 시간은 없고, 양방(洋方)에서 하듯 네가 안고 있는 구체적인 증상을 고쳐갈 수밖에 없겠다.

네 문제점 중 쓰기 문제는 문제를 많이 풀면 충분히 해결할 수 있다. 다행이지. 고전문학은 많이 읽고 해석하는 능력을 키워야 해. 많은 아이들이 고전문학의 어휘와 문자에 먼저 겁을 먹는데 그럴 필요 없어. 고전문학과 관련한 문제는 생각보다 난이도가 낮거든. 그러니까 지문이 까다롭게 느껴질수록 문제는 상대적으로 쉬워진다고 할까? '보기' 문제도 어렵지 않게 해결될 거라고 본다. 문제집을 다섯 권 사다가 '보기'가 있는 문제만 풀어보자. 이것도 자꾸 풀다 보면 요령이 생기거든.

마지막으로 시간이 부족한 것도 반드시 해결될 테니 그리 알아 둬. 일단은 앞으로 모의고사를 몇 차례 더 풀어보고 그때도 시간이 부족하면 본격적으로 문제를 해결하도록 하자.

내가 이맘때 학생들을 만나보면 대개 하나같이 문제를 최대한 많이 풀기를 바라더구나. 어떤 선생님들은 국어도 문제만 많이 풀면 고득점을 받을 수 있다고 주장해. 하지만 그건 국어 과목을 제대로 이해하지 못해서 하는 말이야. 그래서 내가 문제를 무조건 많이 풀기보다 다른 방법을 권하면 많은 부모와 학생 들이 미심쩍어하고 항의를 해. 그들도 여기저기서 국어를 잘하는 방법에 대해 들은 바가 있는 거야. 가령 너만 해도 정민이네 가족을 통해 어떻게 공부하면 좋더라는 말을 많이 들었을 거야. 이럴 때 학생들은 얼마든지 선배의 말을 맹신할 수 있지."

선생님의 말을 찬찬히 듣다 보니 의문이 생겼다.

"그렇다면 문제 풀이는 별 의미가 없다는 말씀인가요?"

선생님은 조금도 망설이지 않고 명쾌하게 답했다.

"그래. 아주 필요 없다고는 할 수 없지만 문제 풀이만 갖고는 해결되지 않아."

"앞으로 몇 달 남았다고 제가 이런저런 공부를 할 수 있겠어요? 점수를 올리려면 문제라도 열심히 풀어야 하는 게 아닐까요?"

"그건 어쩌면 최면술 같은 건지 몰라. 문제를 풀면 점수가 올라간다는 최면 말이야. 그런데 이렇게 생각해보면 어떨까? 엘리베이터가 생기기 전에는 계단을 오르려면 걸어가는 방법밖에 없었지. 엘리베이터는 걷지 않고 올라가는 법을 만들어준 거야. 문제를 풀지 않고 목표에 더 빨리 도달할 수 있다면 당연히 그렇게 해야 하는 것 아닐까?

　의사와 환자의 관계를 생각해보자. 간이 나쁜 환자는 주변에 간이 나빴던 사람들의 경험담에 귀를 기울이지. 그런데 간질환자 중에는 때로 병원의 처방이 아닌 민간요법을 따랐다가 운 좋게 완치되는 사람도 있어. 그럴 때 완치된 사람의 이야기를 듣고 그 방법을 따라가는 선택도 가능해. 하지만 그 민간요법을 선택한 사람은 고작 한두 명의 경험을 믿고 따라가는 거다. 위험 부담이 굉장히 크다고 봐야 해. 동일한 민간요법이라도 어떤 사람한테는 목숨을 잃는 치명적인 결과를 가져오기도 하거든. 하지만 의사는 어떻니? 믿을 만한 실험 결과를 토대로 수천 명을 치료하고 처방하는 전문가야. 물론 의사의 처방도 실패할 때가 있어. 하지만 실패할 확률은 낮고 성공할 확률이 높지. 학문은 확률 게임이거든.

　이 분야에선 내가 의사라고 생각해주면 좋겠다. 의사인 나는 누가 뭐라고 해도 그동안 수많은 학생들의 문제점을 교정하면서 터득한 방법들을 총동원해 네 국어 실력을 향상시킬 거야. 부디 믿고 따라주기 바란다."

문제 풀이보다 독해 훈련이다

　"자, 다시 정리해보자. 국어 문제를 많이 풀면 점수가 올라갈까? 그렇지 않아. 문제를 많이 풀어서 점수를 올리는 데는 한계가 있어. 가령 2등급 초반이나 3등급 후반까지 끌어올리는 것은 가능할지 모르지. 그러나 문제를 푸는 것만으로도 누구나 점수를 올릴 수 있다면 성실한 아이들은 모두 만점 가까이 득점을 하겠지. 너도 알다시피 성실한 아이들은 문제를 아주 많이 풀잖아. 하지만 그 아이들 중에 1등급 점수를 받는 애들이 몇 명이나 되니? 별로 없지. 왜 그럴까? 막힌 지점을 뚫어야 하는데 어디인지 찾지 못하니까 막힌 곳은 그냥 내버려둔 채 엉뚱한 문제만 풀기 때문이야.

그럼 점수를 올리려면 어떻게 해야 할까? 무엇보다 독해를 잘해야 해. 독해력을 높이는 방법에는 두 가지가 있어. 하나는 책을 열심히 읽는 거야. 책을 마지막까지 읽고 생각하는 아이들은 고득점을 받을 가능성이 높아. 하지만 시험이 임박한 시기라서 다른 공부도 해야 하니 따로 책 읽을 시간이 없다면 짧은 에세이라도 읽어. 그마저도 읽을 시간이 없으면 별도의 독해 문제라도 만들어서 풀어야 해. 왜 영어 독해는 꾸준히 훈련하면서 국어 독해는 훈련하지 않는지 안타까운 일이다.

그런데 그럴 시간조차 없다면 어떻게 할까? 요즘 강남에 있는 학원 상당수가 아이들에게 책을 읽지 못하게 한다더라. 시간이 없다는 이유지. 중학생한테까지 책 읽을 시간이 없다면서 인터넷에 돌아다니는 줄거리 요약 자료를 읽히는 것으로 대체한다는 거야. 그렇게 공부한 아이들이 장차 어떻게 되겠니? 당장은 상위권 학교에 진학할지 몰라도 결국은 요약하는 인생을 살게 되지 않을까?

강남의 내로라하는 학원 강사들이 아이들에게 시간 없다는 핑계로 책을 읽지 못하게 하는 건, 사실 그들이 책을 읽기 싫어서가 아닐까 하는 생각이 들어. 자기들이 책 읽기 싫고 시간도 없으니까 인터넷에 요약된 내용을 발췌해서 아이들에게 읽히는 거라고 말이야. 혹시라도 아이들이 구체적인 내용을 질문하면 곤란해질까 봐 아이들에게도 책을 읽지 말라고 하는 것은 아닐까, 나는 그런 의구심이 들거든. 학생들이 배우는 과정에서, 특히 국어와 인문학적 소양을 쌓기 위해서 책을 읽어야 하는 건 너무나 당연한 노력이야. 하지만 지금 선제한테는 그럴 시간이 없네. 그렇다면 어떻게 해야 할까? 이게 내가 하고 싶은 말이야.

자, 내가 만일 선제에게 책을 읽게 하고 인문학적 안목을 기르는 공부를 하게 한다면 체질까지 개선하는 한방의(韓方醫)가 되겠지만, 지금은 단지 점수만 올리는 양방의(洋方醫)로 만족할 수밖에 없어. 아픈 부위만 치료하는 거지. 즉 너의 취약한 부분만 골라서 강도 높게 공부하는 거야. 이것은 지극히 일시적인 노력이야. 이렇게 공부해서 얻은 능력은 시험을 보고 나면 금방 사라져. 하지만 우리가 만난 이유는 바로 이 일시적인 노력을 위해서잖아."

최 선생님의 논리에는 수긍이 가지 않는 부분도 있었다. 특히 문제를 푸는 게 별 도움이 안 된다는 말은 어쩐지 석연치가 않았다. 하지만 세상에 공짜가 없다는 말도 있듯이, 선생님이 꽤 오래 학생들을 가르쳐왔고 지금과 같은 유명세를 얻기까지는 그만의 비결이

있음에 틀림없었다.

엄마와 이모의 대화에서 엿들은 선생님의 비싼 과외비에 대해선 잊기로 했다. 4, 5년 동안 나는 한 달에 100만 원이 넘는 돈을 들여 과외를 받아왔다. 그동안의 비용을 모아보면 수천만 원이 되겠지만 별다른 성과는 없었다. 불과 석 달 만에 이 정도 비용으로 선생님이 약속하는 고득점을 올릴 수만 있다면, 경제 논리로 보더라도 실패한 투자가 아닌 셈이다.

엄마는 그동안 한 달에 100만 원 혹은 150만 원씩 들인 국어 과외비가 저렴한 편이었다는 데서 안위를 삼겠지만 실제로는 그게 어디 적은 돈인가? 비싼 과외비를 지불하면서 숱한 학습법으로 공부했지만 지금까지 이런 분석과 해법은 들어본 적이 없었다. 최 선생님에게서 희망을 찾아보기로 마음먹고 남은 기간 동안 최선을 다하기로 다짐했다.

최 선생님과의 첫 만남은 이렇게 끝났다. 엄마는 온라인으로 송금하지 않는다는 과외 시장의 원칙에 따라 선생님께 현금 봉투를 건넸다. 선생님은 마치 땅에 입맞춤을 하듯 고개를 깊이 숙이며 봉투를 받아 밖으로 나갔다. 나는 그런 선생님의 뒷모습을 바라보며 수업을 마치기 직전 들었던 말을 생각했다.

"열심히 하자. 네가 이해할지는 모르겠지만, 슬프게도 나는 나를 배신했다. 어쩌면 네 부모님도 스스로를 배신했을지 모르겠다. 열심히 공부해서 혼자 갖지 말고 남들과 나눴으면 좋겠다. 너는 그럴 능력이 있을 테니 내 나이가 됐을 때 너 자신을 배신하지 않도록 열심히 해라."

　내내 점수에 대한 강의만 하다가 뜬금없이 내뱉은 선생님의 어려운 말을 나는 이해하지 못했다. 시간이 한참 흐른 뒤에야 비로소 선생님이 왜 그런 말을 했는지를 알 수 있었다.

고득점을 위한 핵심 원칙

1. 계획 없는 문제 풀이는 그만

문제 풀이가 점수를 올리는 데 도움이 된다고 생각하는 것은 일종의 강력한 속임수다. 문제 풀이 말고는 딱히 방법이 없기도 하거니와 문제를 풀고 있으면 무언가 했다는 만족을 얻기 때문이다. 대부분의 교사들은 학생들에게 문제를 많이 풀게 해도 점수가 오르지 않는다는 사실을 알고 있지만 달리 뾰족한 수가 없어서 문제를 풀게 한다. 이것은 열심히만 공부하면 점수가 오른다고 믿는 것과 같은 오류다. 문제 풀이보다는 독서와 토론이 국어 점수를 올린다. 독서와 토론은 독해력을 향상시키기 때문이다.

2. 독해는 최고층에 오르는 엘리베이터

독해력 개발에는 독서·토론·독해 훈련이 있다. 독해 훈련을 할 때 격언이나 속담 등의 경구들을 활용하여 공부하는 것도 좋은 방법이다. 영어 공부를 할 때 문장 독해를 하듯이 국어 문장을 독해하는 훈련을 하면 독해 실력이 빠르게 올라간다. 문제 풀이를 할 시간에 문장 독해 연습을 하면 문제만 푸는 것보다 수십 배의 실력 향상을 거둘 수 있다.

3. 책을 읽고 토론하자

독서하는 학생이 국어를 정복한다. 독서는 배경지식을 풍부하게 하고 사고력을 키우며 논술과 면접에도 영향을 줄 뿐만 아니라 사회·국사 등 인문 계열의 성적에 두루 긍정적인 영향을 준다.
어린 시절부터 책을 많이 본 사람은 반드시 국어를 잘한다. 하지

만 지금도 늦지 않았다. 가능하면 시험 전
날까지 책을 읽자. 짧은 수필 한 편, 시 한 편
이라도 좋다. 국어 성적이 오르지 않아 마음이
급하다면 더욱 더 책을 읽어야 한다. 적어도 8월
까지는 책을 읽을 시간을 확보하자. 다만, 그동
안 독서에 치중하고 문제를 덜 푼 학생이라면 문
제를 더 열심히 푸는 게 좋다.

또 토론하는 습관도 효과적이다. 토론이 다소 어
렵게 들린다면 '논의'라는 말로 바꿔보자. 축구 경기 결과, 어제
일어났던 사건·사고, 주요 뉴스에 대해 친구들과 적극적인 의견
을 교환하는 것만으로도 국어 점수는 오른다.

4. 틀린 문제를 또 틀린다

학생들 중 상당수가 같은 사고 유형의 문제를 틀린다. 중요한 것
은 같은 문제 유형이 아니라 같은 사고 유형을 틀린다는 점이다.
인수분해 공식을 모르면 인수분해를 할 수 없듯이 생각의 틀이 바
로잡히지 않으면 동일한 문제를 틀리기 마련이다. 따라서 어떤 학
생이든 과거에 본 시험지를 쭉 살펴본 후 자신이 잘 틀리는 사고
유형을 집중적으로 점검한다. 늘 맞는 문제는 굳이 훈련하지 않아
도 된다. 자주 틀리는 유형은 보기도 싫겠으나 그래서 더 틀리는
것이다. 풀기 좋아하는 문제만 풀면 발전이 없다. 보기 싫은 지문
과 문제일수록 더 자주 훈련하여 극복해야 한다.

5. 오답의 진단은 처방의 지름길

오답 노트를 만드는 건 이상적인 공부 방법이다. 하지만 굳이 오
답 노트를 만들지 않더라도 내가 어떤 문제를 틀리는지는 반드시
진단해야만 한다. 원인을 알아야 해결책을 제대로 찾을 수 있기
때문이다.

6. 제시문 안에 답이 있다

대학입시 국어 문제의 모든 답은 제시문에 들어 있다. 문제를 푸는 사람의 상상력이나 창의적인 생각을 요구하는 문제는 전혀 없다고 해도 지나치지 않다. 내가 알고 있는 지식이나 개인적인 가치관에 따라 답을 하면 안 된다. 글을 쓴 사람이 어떤 말을 하고 있으며 본문의 내용은 무엇인지를 파악하여 답을 찾아야 한다. 모든 답은 본문에 들어 있다.

7. 3개월의 교정 효과

많은 학생들이 교정 효과를 3개월밖에 유지하지 못한다. 독서와 독해력을 향상시켜 점수를 올린 학생은 점수가 지속된다. 그러나 기술적이고 일시적으로 점수를 올린 학생은 3개월이 지나면 원래의 성적으로 돌아가는 경향이 있다. 시험을 잘 보는 요령들은 실력을 근본적으로 올리는 게 아니기 때문에 효과가 오래가지 못한다. 말하자면 '3개월 효과'다.

사람은 자신이 원래 갖고 있던 사고 유형에서 크게 벗어나지 못한다. 따라서 대학입시를 보기 3개월 이내에

사고 유형 훈련에 집중

하는 게 좋다.

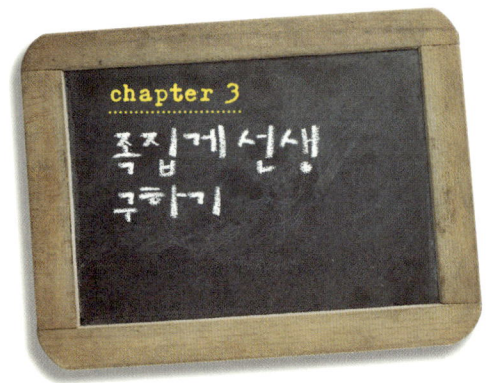

"그래? 그 선생님은 과외비가 얼마야?"

엄마의 목소리가 반짝반짝 빛났다.

"200."

이모는 대수롭지 않다는 듯 가볍게 말했다.

"200만 원? 그러니까 한 달에 네 번 하고 200이라는 말이지?"

"앤 촌스럽긴. 비싼 선생님들이 횟수로 받니? 앞뒤 깔끔하게 올 때마다 받는 거지."

엄마의 목소리가 잠시 끊어지더니 침을 한 번 꼴깍 삼켰다. 돈 문제라면 웬만해선 눈 하나 꿈쩍하지 않는 엄마지만 이번에는 쉽게 받아들여지지 않는 모양이었다.

"뭐, 한 번에? 그러니까 올 때마다 200이란 거지? 세다."

"얘, 너 요즘 세상물정을 모르는구나. 그러니 선제 점수가 그 모양이지. 지금 대학입시 석 달도 안 남았는데 4등급이 뭐니, 4등급이. 저래서 어디 대학이나 가겠니?"

이모가 말하는 대학이란 물론 서울대학교다. 이모네는 원구 형과 정민이 누나가 둘 다 서울대학교에 다닌다. 그런 까닭에 이모에게 대학은 오직 서울대학교뿐, 우리나라의 다른 대학교는 대학이 아니었다.

"요즘 대학생들 과외비가 얼마인 줄 아니? 1학년들도 한 달에 여덟 번 가고 최소 50이야, 얘. 강남 학원에 발 좀 담갔다 하는 선생들은 한 번 올 때마다 60이고. 그러니 그 정도 명성이면 한 번에 200도 양심적으로 받는 거야. 안 그래? 아니 근데 넌 돈이 대수니? 지금 애가 급해 죽겠는데……"

이모의 채근에도 엄마가 좀처럼 수긍하지 못하는 것으로 보아 무언가 속종이 있음에 틀림없었다. 나는 과외비 동향은커녕 어디서 어떻게 선생님들을 찾는지조차 잘 모르지만 이모는 실력 있는 과외 선생님을 귀신같이 찾아냈다. 그리고 이모가 찾은 과외 선생님들은 하나같이 경력이 화려했다. 그들은 내 이종사촌들을 거쳐 결국 나한테까지 왔다. 물론 그 선생님들에게 배운다고 해서 내 성적이 다 좋아진 건 아니었다. 다만 이 분야에서 이모의 정보력만큼은 국가정보원이나 미국의 CIA보다 앞서면 앞섰지 결코 뒤처지진 않을 것이다.

"왜 언니, 정민이 가르쳤던 그 선생님은 과외비도 저렴하고 좋다지 않았어? 누구랬지, 최 선생님이었나?"

"그랬지. 최 선생님 맞아. 그 선생님은 정말 인격도 있고 잘 가르쳤지. 대학생처럼 저렴하게 받았고 말이야. 그런데 어쩌냐, 그 선생님의 행방을 모르겠어. 게다가 요즘 그런 선생님이 어디 있니? 또 선생의 인격이 애 밥 먹여주는 것도 아니고. 알고 보면 우리 정민이가 똑똑했던 거지. 그 선생보다 더 비싼 선생을 만났으면 정민이 성적이 더 올랐을 줄 혹시 아니?"

"어머나, 언니. 그때 정민이가 선생님을 얼마나 좋아했어. 공부잘 가르치고 배울 점도 많다고……. 그리고 그 선생님이 찍어준 문제가 시험에도 많이 나왔다며."

"하긴 그래. 그 선생님이야말로 족집게였지."

이모는 '족집게'라는 말에 힘을 주어 말했다. 아주 감동적인 추억을 회상하듯 이모는 두 손을 모으고는 눈을 커다랗게 떴다.

"그러니까 그 선생님이 바보지 뭐야. 남들은 족집게라고 수강료를 몇 배씩 부풀리는데 혼자만 그렇게 싸게 받았으니. 싼 게 비지떡이라고, 사람들은 수강료가 싸면 그 선생님이 싸구려인 줄 알잖아. 그러니 과외비를 현실에 맞게 올렸어야 해. 아마도 그 선생님은 과외비를 올리지 않은 게 수명을 단축시킨 가장 큰 이유였을 거야. 실제로 누가 그러더라고. 그 선생님은 요즘 선생님들과 가격차가 너무 나서 오히려 믿음이 안 간다고 말이야."

이모는 그 선생님이 눈앞에 있다면 왜 과외비를 그렇게 싸게 받느냐고 쏴칠 듯한 기세로 말했다.

"아니, 공부만 잘 가르치면 그만이지, 과외비가 비싸다고 좋아할 건 뭐야?"

"얘, 세상이 그러니? 왜 베블렌 효과라잖아. 아무리 명품이라도 싸게 팔면 사람들이 안 사는 거야. 가격을 올려야 상품에 대한 호감도가 그만큼 높아진다는 거 몰라?"

"그 말이 아주 틀린 것은 아니지만 예외가 없으려고? 특히 사람에 관한 문제라면 예외는 얼마든지 있을 수 있잖아."

"애들도 선생님이 타는 차를 보고 선생님의 실력을 가늠한다잖니? 비싼 차를 타면 그만큼 능력 있다는 거지. 애들도 그런데 하물며 엄마들은 어떻겠니? 어떤 사람은 정신에 금테 두르고 산다니? 다들 똑같아. 돈이 있으면 더 좋은 차가 타고 싶지 않겠어? 선생도 능력이 있으면 그것을 보여줄 방법이 뭐가 있겠난 말이야. 비싸게 받고, 좋은 옷 입고, 좋은 차 타면 그것으로 다 증명되는 거지."

엄마가 국어 과외 선생님을 알아보게 된 데는 물론 내 책임이 컸다. 다른 과목은 거의 만점을 받는데 언어영역은 3, 4등급을 벗어나지 못하는 탓이다. 어렸을 때 외국에서 4년이 넘도록 살면서 시기에 맞는 국어 공부를 놓친 것이 결정적인 이유다.

나는 남들이 다 쉽다고 하는 문제를 틀린다. 오히려 난이도가 있는 문제는 곧잘 정답을 맞히는데, 의외의 곳에서 점수를 잃곤 했다. 지금까지는 아무도 그 문제를 해결해주지 못했다. 학원도 다니고 과외도 받아보았지만 역부족이었다. 국어 성적만 해결되면 나도 부모님도 원하는 서울대학교에 무난히 들어갈 수 있을 텐데. 시험이 3개월 남짓 남은 지금 상황에서는 앞길이 막막할 뿐이었다.

"얘, 너 그 돈 다 싸 짊어지고 죽을 거니? 옛말에 유자천금 불여교자 일권서(遺子千金 不如教子 一券書)라고 했어. 애들 가르쳐서 후회할 일 없단 말이야. 골프 회원권 잘못 사면 며칠 만에 수억도 날리는데 앞으로 10주 동안 공부해봐야 2천만 원이야. 그거 아낄 일 있니?"

그럼에도 엄마는 망설였다. 예전에 내 친구의 엄마들이 과외 선생님을 소개할 때도 엄마는 너무 비싼 비용을 요구하는 선생님을 믿지 않았다. 아무리 유명하더라도 지나치게 비싼 선생님에겐 무언가 문제가 있다고 생각하는 눈치였다. 엄마가 주저하자 이모가 다시 부추겼다.

"너도 참, 부족한 게 뭐니? 대한민국에서 알 사람은 다 아는 기업을 가진 알부자 사모가 왜 돈 몇 푼에 쩔쩔 매는 거야? 네가 돈 때문에 고민한다고 하면 누가 믿기나 하겠니?"

이모는 고개를 흔들며 어이없다는 듯이 한숨을 내쉬었다.

"언니, 그게 어디 돈 문제야? 그래도 난 아직 내 자식을 교육시키자고 너무 큰돈을 들일 생각을 하면 그러지 못하는 집 아이들이 생

각나서 미안하고 가슴이 아파. 그래서 함부로 결정하기가 어려워."

"그거야 그 애들 팔자지 네 탓이니? 형편대로 사는 거지."

"부모의 경제력이 부족하다고 해서 그 아이들이 기회를 박탈당하는 건 옳지 않잖아. 그렇다고 내가 그 아이들을 위해 대단한 일을 하는 건 아니지만 적어도 내가 앞장서서 옳지 않은 짓을 하고 싶진 않거든. 하나님 앞에 죄를 짓는 것은 아닐까?"

"그렇게까지 얘기하면 할 말이 없다만 잘 생각해 봐. 나도 네 신앙 문제까지 건드리면서 설득할 마음은 없다. 하지만 너희 애가 밥을 굶니, 옷을 못 입니? 알고 보면 부잣집에 태어나서 할 건 다 하잖아? 그러면서 꼭 이런 문제에만 고집을 부리는 널 이해하기가 더 힘들구나. 잘 생각해봐. 선제가 네 새끼지 내 새끼니?"

거실에서 침묵이 흘렀다. 엄마는 무언가를 고심할 때면 손가락을 입술에 갖다 댄 채 말 없이 생각에 잠기는 버릇이 있다.

이모 말대로 우리 집은 부자다. 하지만 부모님이 흥청망청 돈을 쓰는 분들은 아니다. 특히 엄마는 불우한 아이들을 돕는 일에 꽤 앞장서는 편이다. 동시에 내 자식에게만 과하게 특별대우하지 않겠다는 생각도 늘 갖고 있다. 그런 점은 아빠도 마찬가지다. 나는 부모님의 그런 태도를 존경했다.

"언니, 혹시 정민이가 최 선생님의 전화번호를 알지 않을까?"

"글쎄다. 어디 한번 물어보자."

이모가 정민이 누나에게 전화를 걸어 간략하게 통화를 하고 난 뒤 말했다.

"정민이도 최 선생님의 전화번호는 모른다네. 대신 이메일 주소를 알고 있다면서 연락해보겠대."

일주일쯤 지나서 최 선생님과 연락이 닿았다. 그런데 놀랍게도 최 선생님은 이모가 처음에 추천했던 선생님보다 훨씬 비싼 수강료를 요구했다. 얼마 전만 해도 저렴하고 양심적인 가격에 가르쳤다던 선생님이 회당 250만 원씩 받는다는 말을 듣고 엄마는 적이 놀라고 실망했다. 그래서 다른 선생님을 더 알아볼지 혹은 두 선생님 중 한 사람을 선택할지 한참 고민해야 했다. 엄마는 이모에게 지난주에 이야기했던 200만 원 받는다는 과외 선생님의 거취를 물었다. 하지만 일주일 전에 얘기가 나왔을 때 바로 결정을 하지 않아서 이미 다른 스케줄이 잡혔다고 했다. 비싼 수강료를 받는 선생님들은 하루도 자리가 비지 않는데 그때 미적거린 탓에 이미 다른 학생이 그 자리를 차지했다는 것이다.

이모는 최 선생님이라도 빨리 잡으라고 다그쳤다. 더구나 주변에 알아본 결과 최 선생님은 정민이 누나를 가르치던 때보다 훨씬 더 유명해져서 시간을 잡을 수도 없고, 만일 공부를 하고 싶으면 새벽 두 시에나 강의를 잡을 수 있다고 했다. 그러면서 최 선생님이 예전보다 명성이 높아진 이유는 틀림없이 수강료를 대폭 인상했기 때문이라고 확신했다. 이모는 가격이 모든 것을 말한다는 믿음을 신앙 이상으로 맹신했다.

이모가 하는 말을 들으면서 엄마는 알 듯 모를 듯한 한숨을 쉬었다. 단지 비용 때문만은 아닐 것이다. 아직까지 엄마가 나를 위한 일에 투자를 아까워하는 모습은 본 적이 없었다. 엄마는 아마도 그렇게까지 비싼 돈을 들이면서까지 입시를 준비해야 하는 우리 사회에 대한 안타까움과 그런 풍토에 일조할 수밖에 없는 데 대한 번민 때문에 망설이는 것이었으리라.

이모는 주저하는 엄마에게 사안의 시급성을 강조했다.

"생각할 것도 없어. 최 선생님도 시간을 낼 수가 없다고 하더라. 오죽하면 새벽 두 시에 가능하다고 하겠니? 그나마 정민이 사촌동생이라니까 어떻게든 해보겠다고 했다더라. 무엇보다 선제한테 지금 시간이 얼마나 남았니? 석 달이다 애. 석 달 동안 열 번 수업하고 2,500만 원이면 물론 적은 돈은 아니지만 그것으로 선제의 인생이 바뀐다는 걸 생각해보렴."

결국 엄마는 이모에게 설득당했다. 나는 지금껏 만나본 과외 선생님 누구보다도 몸값이 비싼 분과 수업할 영광스러운(?) 기회를 얻었다. 물론 내 친구 중에는 여기에 비교할 수 없는 천문학적인 과외비를 들이는 애들도 있지만.

이렇게 해서 10주에 걸친 나의 국어 공부 도전기가 시작됐다.

chapter 4

넌안돼 선생님

"야, 이 새끼야. 비켜!"

점심시간이 끝날 무렵 복도에 서 있는데 익숙한 목소리가 뒤통수를 후려친다. 2학년 때의 문학 선생님이다. 선생님은 다른 과목은 모두 우수한 내가 문학만 뒤처진다며 비아냥댔다. 오죽하면 아이들이 '넌안돼 선생님'이라는 별명을 붙였을까. 여기서 '너'는 나를 가리킨다.

문학 선생님은 우리 집의 형편을 알고 일부러 그러는 것인지 유독 나를 괴롭혔다. "외국에서 살다 오면 다냐?", "외국 물 먹은 잘난 놈이 국어는 뭐하러 공부해", "집안 좋다는 놈들은 다 틀렸어"라는 등 입만 열면 비꼬고 저주하는 말들을 내뱉으면서 나를 괴롭했다. 그럴 때마다 나는 그 선생님의 언어 쓰레기통이라도 되는 것 같았다.

선생님은 세상의 모든 부자들에 대한 분풀이를 나에게 퍼부으려는 듯했다. 2학년 내내 나만 보면 그랬다. 3학년이 되면서부터 다행히 그 선생님의 수업을 안 듣게 됐지만 학교에서 마주치는 것까지 피할 도리는 없었다. 선생님은 나와 부딪칠 때마다 꼭 한마디씩은 시비를 걸고 지나갔다.

"너 같은 새끼는 벌점을 줘야 하는 건데……."

나는 몸을 피하긴 했으나 기가 막혀서 말이 나오질 않았다. 벌점을 운운하니 유치하단 생각마저 들었다. 학교 체벌이 금지된 뒤로는 학생들의 잘못을 교정하는 수단으로 벌점을 준다. 하지만 대학을 아예 포기한 아이들에게는 벌점이 아무런 의미가 없다. 벌점은 대학입시를 전제로 한 것이므로 대학에 관심 없는 아이들은 벌점을 주건 말건 개의치 않고 행동했다. 벌점 제도는 공부 좀 해보겠다는 아이들을 위협하는 수단일 뿐이다. 벌점 따위 받아도 상관없다는 아이들은 관리할 방법이 없다.

애초에 벌점을 가지고 아이들을 통제하겠다는 발상 자체에 문제가 있다. 대학입시를 무기로 어른들이 아이들을 마음대로 쥐락펴락하겠다는 의도일 테지만, 정작 벌점 대상이 되는 아이들에게는 아무런 위협이 되지 않는다는 말이다. 벌점 제도가 있건 없건 아이들은 자기들 나름대로 흘러간다. 얼핏 보면 가만히 있는 것 같은

강물이 쉬지 않고 흐르듯 아이들도 그렇게 흐르고 있는 중이다. 교권이 무너졌다는 숱한 염려에도 불구하고 학교는 여전히 굴러가고 있다. 앞으로도 건재할 것이다.

나는 불쾌한 기색을 드러내며 한숨이라도 내뱉고 싶었으나 그렇게 했다가는 정말로 벌점을 받을 것이 뻔했다. 그냥 아무 말 않고 참았다.

"너 국어 성적은 좀 올랐냐? 오를 리가 없지."

나는 대답하지 않았다.

"야, 이 새끼가 선생을 무시하네. 선생이 물으면 대답을 해야 할 거 아냐 이 새끼야!"

나는 여전히 입을 꾹 다물고 대꾸를 하지 않았다.

"네까짓 놈이 국어를 어떻게 해? 그게 돈만 들인다고 되는 게 아냐, 새끼야. 이제 와서 수천만 원을 투자해봐라, 실력이 오르나. 병신새끼들. 돈이면 다 되는 줄 알아."

병신새끼들, 병신새끼들……. 학교에서 돌아오는 내내 이 말이 뇌리에서 사라지지 않았다.

'그래, 나는 국어를 못하니 병신새끼일 수 있어. 하지만 당신은 대체 뭐야? 고등학생이랑 수준 낮게 말씨름이나 하고…….'

정말이지 문학 선생님이 나에게 비아냥거릴 때면 수천만 원을 들여서라도 국어 성적을 올리고 싶었다. 문학 선생님의 코를 납작하게 할 수만 있다면 무슨 수라도 쓰고 싶었다. 아니, 더 솔직히 말하면 선생님의 코뼈라도 부러뜨리고 싶다. 하지만 내 국어 성적을 생각하면 선생님이 아무리 비아냥거려도 참을 수밖에 없는 현실이다. 나도 모르는 사이에 욕지기가 입 안에서 튀어나왔다.

'에이 씨발, 두고 보자. 돈으로 안 되는 게 있나 봐라.'

하굣길 내내 국어 성적을 기필코 올려서 넌안돼 선생님 코앞에다 성적표를 들이밀어야겠다고 다짐했다. 그래야 선생님이 다시는 학생들에게 유치한 언어폭력을 함부로 행사하지 않을 테니 말이다.

'반드시 국어 성적을 올려서 넌안돼 선생님에게 보란 듯이 복수하고 말 거야.'

그러나 정작 넌안돼 선생님에게 통렬하게 복수한 학생은 내가 아닌 은하였다.

chapter 5
두 번째 수업
틀린문제 기억하기

    집으로 돌아온 나는 국어 과외 준비를 하면서 선생님이 내준 숙제를 차근차근 풀었다. 또 첫 시간에 선생님이 했던 이야기 중 시간이 없어 기록하지 못했던 내용을 정리했다. 오늘부터는 수업 내용을 녹음하는 게 좋겠다는 생각이 들었다. 공부 일정에 따른 프로그램에 대해 선생님이 들려준 이야기는 무척 새롭고 인상 깊었다. 나는 차근차근 선생님의 강의 내용을 되새겨보았다.

    "고3을 위한 대입 국어 시험 공부 일정이야. 자세하게 설명하기 전에 일반적인 상황과 비교 평가할 필요가 있겠지. 중1을 만나건 고3을 만나건 국어 선생님들은 한결같이 대학입시 기출문제를 풀게 하는데, 나는 그 방법에 대해 매우 비판적이다.

문제 풀이 중심으로 수업을 진행하면 선생님이나 학생 들이 일시적으로 자기 위안이나 만족을 느낄지 모르지. 선생님은 무언가 그럴 듯한 것을 가르쳤다고 생각할 테고, 학생은 어려운 문제를 풀어봤다는 뿌듯함을 느낄 수 있겠지. 하지만 대학입시란 건 근본적으로 고3이 보는 거지, 중학생이나 고1과는 당장 관계가 없어.

==대학입시 기출문제는 어떤 모의고사보다 훌륭한 시험이야. 그러므로 가장 마지막 단계에 예행연습을 한다는 생각으로 풀어야 해.== 순서를 무시하고 입시 기출문제부터 풀게 하는 건 학생들에게 전혀 도움이 되지 않아. 문제를 푸는 그 시간만큼을 헛되이 보내는 꼴이 된다. 결론적으로 말하자면 공부에도 순서가 매우 중요해. 운동을 배울 때도 단계가 있듯이 공부에도 순서와 단계가 있는 법이거든."

실제로 대부분의 선생님들은 일단 기출문제부터 풀게 한다. 나도 중3 때부터 기출문제를 풀기 시작했다.

고3 첫 모의고사 점수가 의미하는 것

"자, 선제한테는 3개월이 남았으니 불필요한 이야기일 수 있겠지만 한번 전체 일정을 점검해보자. 고2 때까지는 부지런히 책을 읽고 사고하는 훈련에 주력해야 해. 물론 그것은 시험 보기 전날까지도 중요하지. 하지만 마지막에 가면 아무래도 바빠질 테니까 적어

도 3개월 전, 그러니까 고3 여름방학까진 책을 읽어야 해."

고3에게 책을 읽으라고 권하는 학원은 거의 없다. 심지어 요즘은 책 자체를 읽히지 않는다. 그냥 인터넷에 떠도는 요약된 글을 보게 하는 경우가 많다. 서점에 가보면 아예 고등학생들이 반드시 읽어야 하는 필독서를 가려 뽑아 내용을 요약해놓은 책도 있다.

"선생님, 질문해도 될까요?"

"얼마든지."

"학교 선생님들이 고3 첫 모의고사 점수가 대학입시 점수라고 하던데, 정말 그런가요?"

많은 선생님들이 그렇게 말했다. 그런 말을 들을 때마다 정말로 내 첫 모의고사 점수가 입시 성적이 되면 어쩌나 불안해서 식은땀이 날 정도였다.

"많은 선생님들이 그런 말로 고3을 협박하지. 그분들은 아마 협박을 하면서 쾌감을 얻는 건지도 몰라. 뭐, 굳이 말하자면 변태랄까?"

변태라는 말에 쿡 웃음이 났다. 동시에 넌안돼 선생님이 떠올랐다. 최 선생님이 마치 문학 선생님을 염두에 두고 변태라고 말하는 것 같았다. 나는 넌안돼 선생님을 만난 적 있느냐고 묻고 싶었다.

"변태 선생님들의 이야기를 빌리자면, 고3 첫 번째 시험 점수에서 벌써 입시 당락이 결정된다는 거야. 3월에 본 모의고사 성적이 바로 대학입시 결과라는 거지. 선제 넌 어떻게 생각하니, 그 선생님들의 주장에 대해서?"

나는 잘 모르겠다는 뜻에서 어깨만 으쓱해 보였다.

"그 말이 사실이라면 그 선생님들은 고3 남은 기간 동안 대체 무슨 까닭으로 공부를 가르치는 걸까? 그리고 학생들은 왜 공부를 해야 하지? 3월 모의고사를 본 뒤엔 그저 빈둥거리며 두 학기를 보내면 되는 거 아냐? 어차피 달라질 게 없다면 말이야. 이것도 일종의 폭력이야. 고3 아이들을 공포에 몰아넣고 자신이 원하는 대로 끌고 가려는 폭력적 사고의 결과물이라는 말이다."

최 선생님의 명쾌한 이야기를 듣고, 특히 '폭력적 사고의 결과물'이라는 말에 약간 소름이 끼쳤다.

'아, 저렇게 해석할 수도 있구나! 어떤 대상이나 현상을 분석적으로 바라본다는 게 이런 거구나. 나중에 논술할 때 이렇게 논리를 펴면 꽤 그럴 듯한 결론을 도출할 수 있겠어.'

잠시 그런 생각을 하느라 최 선생님의 말에 집중하지 못했다. 그러자 선생님이 곧바로 나를 찔렀다.

"딴생각을 하는구나. 딴생각은 아주 좋은 거야. 고래가 물에서 나와 잠시 숨을 쉬는 거랄까? 바다에 오래 있으면 숨이 막혀 죽어버리거든. 그래서 숨을 쉬러 나오는 거지? 그래, 그건 좋은데, 만일 생각을 멈출 때는 미리 말을 해줘. 물론 네 얼굴을 보면 네가 바다로 들어갔는지 물 밖으로 나왔는지 짐작할 수 있다만 혹시라도 내가 놓치면 네가 딴생각을 하는 동안 난 강의를 계속할 테고, 그러면 너한테 손해 아니겠니? 내 말을 몇 마디쯤 놓친다고 큰일이 나는 건 아니겠지만 혹시 내 말 하나가 2점과 연결되고, 그 점수 때문에 네가 원하는 학교를 못 가는 결과가 생길 수 있잖아?"

나는 대답 대신 빙그레 웃어 보였다. 훌륭하다고 해야 할지 지나치다고 해야 할지 판단이 서질 않았다. 하지만 결과적으로 보면 내가 최 선생님의 말을 놓쳐 2점을 잃는다는 말은 적중한 예언이 되고 말았다.

EBS 교재에 나온 지문은 다른 책에도 있다

"자, 다시 돌아가자. 고3도 6월까지는 좀 여유롭게 공부해도 괜찮아. 시중에 나온 문제집 가운데 종합편이니 실전편이니 하는 책들이 있지? 그중에는 지나치게 여백이 많은 책도 있고 쓸데없이 비싼 종이를 사용한 책도 있지만 그래도 공부하기엔 꽤 괜찮아. 어느 출판사 것이든 상관없어. 꼭 교육방송(EBS) 교재를 고르지 않아도 돼."

나는 최 선생님의 말에 제동을 걸었다.

"선생님, 요즘은 EBS 교재를 안 보면 큰일 나요. 거기서 70퍼센트 이상 출제된다는데 정말 그걸 안 봐도 돼요?"

최 선생님은 자신감 넘치는 목소리로 대답했다.

"교육방송 교재를 안 봐도 된다. 그 책에 수록된 작품들은 다른 책에도 다 나오거든. 교육방송과 판을 짜는 교육당국에 휘둘릴 것 없어. 거기도 변태들의 세계야. 변태가 뭐랬지?"

"학생들을 협박해서 학생의 인생을 망치는 사람!"

내가 대답하자 선생님은 손가락으로 허공을 콕 찌르며 이야기를 이어갔다.

"맞았어. 교육당국은 교육방송을 보지 않으면 대학에 못 가는 것처럼 말하는데 아마 그런 나라는 전 세계에서 우리나라밖에 없을 걸? 특정 방송을 보고 특정 교재를 보면 대학에 갈 수 있다는 협박성 광고를 국민이 낸 세금으로 만드는 나라가 정상적인 나라일까? 그런 협박도 문제지만, 실제로 다른 교재에도 교육방송 교재에 들어간 내용이 다 실려 있으니까 걱정할 것 없다.

어떤 문제집이든 풀면서 해설을 꼼꼼히 읽어보고 내 것으로 만드는 과정이 중요해. 고3이 되면 무작정 50문항짜리 모의고사 문제를 닥치는 대로 푸는 경향이 있는데 그렇게 많은 문제를 풀다 보면 해설을 좀처럼 안 읽게 돼. 해설을 잘 이해하는 게 중요한데 문제만 풀고 있으면 곤란하지. 음의 어디가 틀렸는지, 정확한 박자가 어떤지 모르면서 끊임없이 피아노 건반만 두드리는 연습생하고 다를 게 없는 거야. 건반은 쉴 새 없이 두드리지만 그걸 듣는 사람은 얼마나 괴롭겠니? 문제만 많이 푸는 학생들도 똑같아. 곁에서 보기엔 굉장히 열심히 하는 것 같지만 결과는 영 아닐 가능성이 높아. 따라서 해설을 중심으로 공부해야 해."

최 선생님의 말에는 공감 가는 부분이 많았다. 하지만 나는 이제 입시까지 3개월을 남겨놓은 수험생이다.

"네, 그렇군요. 근데 이젠 제가 워낙 급한 때라……."

"맞아. 선제의 6월은 이미 가버렸네. 이제 내가 선제와 할 수 있는 공부는 그 다음 단계의 중간에 있어. 일반적으로 6월 중순께부터 9월 중순까지 모의시험을 푸는 거야. 어느 정도 실력이 다져졌으니 이젠 50문항짜리 문제를 시간에 맞춰 푸는 연습을 해야 하는 시기인 거지. 실전을 염두에 둔 훈련이야. 하지만 우리는 지금 쓰기나 고전문학의 일부를 다시 보기로 했으니까 앞 단계의 과정을 반복하고 있다고 봐야 한다. 그건 선제가 가진 문제를 해결하기 위한 특단의 조치야."

그랬다. 나는 50문항 모의고사를 풀면서 동시에 쓰기와 고전문학에 관한 자세한 해설이 붙은 문제집을 따로 보기로 했다.

"9월 중순이 되면 그땐 정말 두 달만 남은 거지? 그때부터는 대학입시 기출문제를 집중적으로 풀 거야. 아까도 말했지만 기출문제를 아무 때나 푸는 것은 바람직하지 않아. 기출문제는 가장 완벽한 모의고사니까 이 시점부터 푸는 게 가장 좋지.

문제 유형이라는 건 마치 미끄럼틀과 같아. 내가 어렸을 때 어린이놀이터에 가면 아주 단순한 미끄럼틀만 있었지. 계단을 타고 올라가서 직선으로 내려오는 미끄럼틀. 하지만 요즘 놀이터를 가보면 미끄럼틀의 모양도 다양하고 올라가는 통로도 복잡해. 내려오는 미끄럼대도 곡선인 경우가 많고. 하지만 한 가지 확실한 것은 놀이터에 있는 건 결국 미끄럼틀이라는 거야. 문제 유형이 아무리 바뀌어도 원론적으로는 동일한 문제를 겉모양만 바꾼 경우가 많다는 거지. 그러니까 기출문제가 그만큼 중요하다는 얘기다."

"그런데 지난번에 유명한 국어 강사가 쓴 글을 봤는데요, 국어는 마지막까지 새로운 문제를 풀어야 한다고 하더라고요."

내가 주의 깊게 본 그 칼럼은 계속해서 새로운 문제를 풀고 더 많은 지문을 읽으라고 권하고 있었다.

"나도 그 기사를 봤다. 하지만 그 의견은 타당하지 않아. 더 많은 지문은 책으로 읽는 게 바람직하지. 문제의 지문을 많이 읽는다고 본질적으로 문제를 푸는 지적 능력이 발달하는 건 아니거든. 특히 새로운 문제라는 건 존재하지도 않고 말이야. 대부분의 문제가 아니, 시중의 모든 문제가 이전에 나온 기출문제를 형태만 바꾸고 있거든. 아까 말한 미끄럼틀의 경우와 같은 거지."

"그렇더라도 대부분의 문제집들이 다 기출문제를 실어놨잖아요. 그래서 기출문제는 이래저래 다 풀어본 것 아닌가요?"

실제로 거의 모든 문제집이 새로운 문제를 만들기보다 기출문제를 싣고 그 내용을 해설하는 데 급급했다.

"그래, 계속 옳은 말만 하는구나. 그러니까 기존에 본 문제집 여기저기에 기출문제가 나와 있어서 웬만한 기출문제는 다 풀어봤는데, 굳이 그걸 다시 풀 필요가 있겠느냐는 질문인 거지? 그에 대한 내 대답은 이미 풀었던 것을 다시 풀어도 상관없다는 거야. 전에 말한 대로 뇌는 3개월이 지나면 문제를 잊어버리게 마련이거든.

기출문제를 풀고 그 성적에서 5점 정도를 빼면 자기 실력이라고 할 수 있겠다. 기출문제는 여기저기서 적응했다는 점에서 5점 정도를 감산하는 거지. 물론 감산하지 않은 점수가 자기 실력이면 더 좋고. 그런 다음 2주 혹은 3주가 남으면 그동안 틀렸던 문제를 중심으로 풀어야 해. 이미 말했지만, 누구나 틀린 문제를 다시 틀리거든. 동일한 사고 유형의 문제를 틀리게 돼 있어. 따라서 이 시점에서는 틀린 문제만 집중적으로 푸는 게 가장 효과적이라는 사실을 잊지 마."

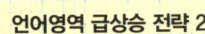

학습 일정 프로그래밍

1. 일정 관리에서 시작하자

　　모든 생물체에 탄생·성장·쇠퇴의 단계가 있듯이 모든 일에는 과정이 있다. 수험생은 주어진 시간을 체계적으로 관리하여 공부의 효과를 극대화해야 한다. 1년의 시간을 잘 보내면 1년 후 엄청난 변화를 기대할 수 있다. 반대로 성적이 좋았던 학생이 1년 후 점수가 많이 떨어진 예도 얼마든지 볼 수 있다. 그래서 1년의 계획은 매우 중요하다.

2. 고2 겨울방학 동안 2등급 만들기

고3으로 올라가기 전 겨울방학은 매우 중요한 시간이다. 이 기간 동안 집중적으로 문제를 풀자. 일주일에 국어 문제집 한 권을 풀어 적어도 다섯 권 이상을 끝내자. 문제를 풀 때는 집중력이 중요하다. 오랜 기간에 걸쳐 문제를 푸는 것은 효과가 떨어진다. 이렇게 하면 최대 2등급까지 올라갈 수 있다. 그러나 아쉽게도 문제 풀이로 1등급을 얻을 수는 없다.

3. 6월까지는 해설 중심으로

마음이 급한 나머지 처음부터 모의고사 문제에 매달리는 것은 좋은 방법이 아니다. 시중에 나온 문제집들 중 50문제 모의고사가 아닌 책자로 공부하는 것이 좋다. 모의고사를 무작정 많이 풀기보다는 문제 해설을 읽으며 출제의도와 문맥을 익히는 게 중요하다.

4. 7월부터는 모의고사를

7월부터 9월 중순까지 모의고사 문제를 푼다. 모의고사 문제를 푸는 것은 실력을 올리기 위해서라기보다 그동안 다진 실력을 바탕으로 실전 감각을 익히려는 것이다. 실제 시험장에서 시험을 보듯이 호흡을 맞춘다. 시간이 부족하지 않도록 안배하는 훈련과 긴 시간 동안 자리에 앉아 문제를 풀어야 하는 어려움에 적응한다. 이때쯤이면 어느 정도 실력이 배양된 상황이니 닦은 실력을 모의고사 현실에 적용하는 기간으로 삼는다.

5. 마지막 3개월은 10년만큼 중요하다

틀린 문제 풀기를 너무 일찍 하면 효과가 없다. 적절한 타이밍은 마지막 3개월이다. 근원적으로 사고 유형을 바꾸지 않는 한, 사람의 일시적인 교정은 3개월 정도 유지된다. 웬만한 학생들은 3개월이 지나면 풀었던 문제도 잘 기억하지 못한다. 특히 정답은 전혀 기억하지 못한다. 열심히 공부해서 국어 성적을 올렸는데 정작 대학 입시 때는 떨어졌다는 불평을 많이 한다. 그 이유가 3개월 이전에 문제점들을 교정했기 때문이다. 시간이 지나면 자신의 문제는 다시 제자리로 돌아간다. 따라서 일시적인 처방을 해야 한다면 벼락치기가 최고의 방법이다.

6. 9월 중순부터 기출문제를

기출문제는 실전 연습이다. 기출문제는 가장 훌륭한 모의고사다. 실제 입시에서는 출제된 문제의 유형이 약간씩 변형을 거쳐 반복적으로 나온다. 최근 5년의 문제만 볼 것이 아니라 오래전 유형들도 풀어야 한다. 기출문제는 일종의 공식이다. 새로운 문제집을 푸는 것보다 기출문제를 푸는 게 더 효율적이다.

7. 마지막 3주가 등급을 좌우한다

입시가 3주 남으면 자신이 틀렸던 문제를 반복적으로 풀어야 한
다. 사람은 늘 동일한 사고 패턴을 반복한다. 따라서 자신이 틀렸
던 문제를 다시 틀린다. 이 기간에는 그간 풀었던 문제집, 모의고
사, 기출문제 등 1년간 푼 문제집 전부를 꺼내어 틀린 문제만 체크
한다. 기존의 틀린 문제를 풀면서 자신이 어떤 문제를 어떻게 틀
렸는지 확인하고 교정하면서 마지막 3개월을 알차게 보내면 기존
의 자기 실력보다 한 등급 이상 점수를 올릴 수 있다.

chapter 6

동현이와의 이별

저녁을 먹고 잠시 쉬는데 동현이에게서 문자 메시지가 도착했다.

'뭐해?'

'숙제 중.'

'30분만 내라.'

'어딘데?'

'아파트 앞 공원에서 닭질한다.'

'딱 30분이다.'

'알았다. 무지개매너.'

나는 얼른 트레이닝복 바지에 후드 티셔츠를 걸치고 공원으로

갔다. '닭질'은 쓸데없이 시간을 보낸다는 말이고 '무지개매너'는

매너가 너무 없다는 뜻이다. 동현이가 이런 표현을 쓰기 시작한 것은 고3 올라오면서부터다. 그전의 동현이는 누구나 부러워하는 전형적인 '엄친아'였다.

아파트 앞 공원은 제법 넓지만 밤에는 다니는 사람이 드물다. 동현이가 정자 옆에서 담배를 물고 있었다. 가로등 하나만 켜진 정자 주변은 사람을 알아보기 어려울 만큼 어두웠다.

"야, 디비 좀 작작 태워."

"뭐, 네놈이 나한테 디비 한 까치라도 준 적 있냐? 씨댕아."

"그래, 오늘은 무슨 바람이 불어서 여기까지 납셨냐? 근데 너 깁스했다더니 순 개뻥이었구나."

동현이의 다리는 멀쩡했다. 2학년 때까지만 해도 우리는 서로 많은 고민을 나누는 절친한 사이였지만 3학년이 된 뒤부터 동현이가 나를 은근히 피하는 눈치였다. 동시에 동현이의 생활도 점점 망가졌다.

"야, 선제야."

잠시 침묵하던 동현이가 느닷없이 진지한 목소리로 나를 불렀다.

"사실 우리 집 부도났다. 더 이상 학교를 다니는 게 의미가 없어. 내가 대학에 합격해도 다니기 힘들 거다."

동현이의 표정이 전에 없이 어두웠다.

"그리고 명수 말인데, 내 사촌이야. 알고 있지?"

"아니, 몰랐다. 그냥 네가 잘해준다고만 생각했지. 그랬구나."

"그래, 그 새끼도 캐 불쌍한 놈이다."

명수와 동현이는 고종사촌 간이라고 했다. 회사가 부도날 때는 한꺼번에 폭삭 무너지는 게 아니라 마치 오래된 집이 무너지듯 여기저기 구멍이 나기 시작하다가 기둥 한쪽이 무너지고 그다음에는 문지방이 없어지는 식으로 서서히 몰락한다고 한다.

동현이 아버지가 운영하는 기업의 자회사가 명수네 재산을 담보로 대출을 받았다. 그런데 작년에 그 회사가 부도를 내면서 명수 어머니가 울화병으로 쓰러져 아직도 못 일어났다고 했다. 명수는 일찍 아버지를 여의었지만 어머니가 능력이 있어서 생활은 어렵지 않았는데, 동현이 아버지가 명수네 재산을 털어먹은 것이다.

"명수 좀 잘 챙겨줘라. 도움 되는 것 있으면 좀 나눠주고. 명수가 나무늘보랑 잘 지내긴 하지만 그놈은 워낙 공부에 취미가 없으니 보탬이 안 되잖냐."

나무늘보는 주완이를 가리키는 말이다. 주완이는 혼자 즐거운 친구다. 행복하다고 할까. 교실에서건 어디서건 노래를 흥얼거린다. 점잖게 걷는 법도 없고 늘 레게 춤을 추듯 걷는다. 손에 무언가가 잡히면 빙글빙글 돌리며 산만하게 돌아다닌다. 그러다 선생님들께 걸려서 혼난 적도 많다. 주완이가 나무늘보라는 별명을 얻은 이유는 평행봉에 곧잘 매달려 해찰을 부리기 때문이다. 이 녀석은 걸핏하면 평행봉으로 달려가 두 다리를 걸고 매달려 있다. 그 상태로 아예 잠을 자기도 하는데 놀랍게도 주완이는 한 번도 떨어진 적이 없다.

"근데 명수는 과외 안 받으면서도 공부를 참 잘하던데 놀랍더라."

명수는 학원도 안 다니고 과외도 안 받는다고 했다.

"그놈은 정말 무섭게 공부해. 졸리면 대야에다 얼음물 받아서 발 담그고 공부하는 놈이야. 그래도 졸리면 바늘로 자기 다리를 찌른 다더라. 그놈 다리 봤지? 아토피처럼 상처 난 거. 그게 다 바늘자국 이라니까. 난 그놈이 무섭다. 야망이 보통이 아니야. 속에 뭐가 들 었는지 몰라."

"그럼 명수는 잠도 안 자?"

"잘은 몰라. 세 시간도 안 잔다고 들었어. 밥도 거의 못 챙겨 먹 고. 우리 아빠가 죄인이다. 썸플."

동현이는 명수에게 깊은 죄책감을 갖고 있었다. 나는 본래 명수 가 남다른 공부벌레라고는 생각했지만 요즘 세상에 그렇게 공부하 는 친구도 있구나 싶어 새삼 놀랐다. 배부르고 등 따뜻하게 공부하 는 나와는 근본적으로 다른 세상에 살고 있었다.

"사실 나 이사 간 지 오래됐다."

"그래? 어디로 갔어?"

"그냥 갔어. 강남 사는 애들이 보기엔 쓰레기 동네로 갔지. 아니, 강남 애들이 아니라 내가 그렇게 생각했었지. 한데 그곳에 가고 보 니 그동안 내가 인생을 얼마나 잘못 살았나 싶은 생각이 들더라. 공부가 전부는 아니라는 생각도 들고. 거기 가서 깔도 생겼다."

"진짜? 이쁘냐?"

외모가 전부는 아니지만 여자친구를 사귄다는 애들을 보면 어쩔 수 없이 가장 먼저 묻게 된다. 세세한 것을 묻기 어려워서 그런지도 모르지만 나도 어지간히 외모를 밝히는 것 같다.

"작렬이다. 사진 보여줄까?"

동현이가 다가오더니 담배연기를 확 뿜었다.

"야, 불질은 혼자 해라. 이 형한테 뿜지 말고."

휴대전화에 저장된 사진 속의 여자애는 그다지 예쁜 얼굴은 아니었다. 과거의 동현이라면 쳐다보지도 않았을 외모였다.

"야, 우리 동현이의 안목이 좀 낮아지셨네. 금사빠 아니고?"

'금사빠'는 금방 사랑에 빠진다는 뜻이다. 내 말에 동현이는 씁쓰레하게 웃었다.

"그래, 내가 원래 금사빠였지. 만날 여자가 바뀌고, 따르는 애들도 많았지."

동현이는 담배연기를 길게 내뿜고 나서 다시 말을 이었다.

"네 말이 맞아. 낮아졌지. 그래도 생얼이 이 정도면 훌륭한 거 아니냐? 사실은 얼굴보다 애 진짜 마음이 곱다. 나는 이런 애 못 봤어. 강남에 살아서였는지 몰라도 솔까 진실한 애들이 얼마나 되냐. 그런데 애는 진짜 괜찮아."

"그래? 그럼 다행이다."

"30분 다 됐다. 나 간다."

"야, 수능은 봐야지. 그리고 너무 극단적으로 생각하지 마라."

"씨댕아, 너도 꼰대들하고 똑같은 말 할래? 걱정 마. 난 올 한 해 동안 새로운 세계를 만났어."

나는 동현이가 말하는 새로운 세계가 무언지는 잘 모르겠지만 그게 긍정적인 것 같진 않았다. 지금의 동현이는 과거의 녀석이 아니었다. 동현이가 1년간 새로운 세계를 만나고 고민하는 동안 나는 그럴 여유가 없었다. 나는 고3으로 살아가기에도 벅찬 시간을 보내고 있다. 다른 친구들도 마찬가지다. 모두들 각자 삶의 무게에 짓눌려 남을 생각할 여유가 없다.

그날 저녁 이후로 입시가 끝날 때까지 동현이를 보지 못했다.

chapter 7
세 번째 수업
출제의도 읽기

　세 번째 시간이다. 새벽 두 시, 선생님이 방문을 열고 들어섰다. 처음에 선생님이 진단한 대로 쓰기와 고전문학 독해, '보기'로 주어진 문제 유형에 초점을 맞춰 공부했다. 준비해야 할 교재와 숙제를 선생님이 문자 메시지로 알려주면 나는 수업 전까지 그 분량만큼 문제를 풀었다.

　보통 과외를 하면 다른 공부를 할 시간이 없을 만큼 숙제를 많이 내준다. 과외 선생님들은 학생들이 자기 과목만 공부하는 줄 아는 게 틀림없다. 하지만 최 선생님이 내주는 숙제의 분량은 평소 하던 것에 비하면 식은 죽 먹기였다. 과연 이 정도만으로 성적이 향상될까 의심스러울 정도였다.

막상 수업을 시작하면 선생님은 엄청난 속도로 강의를 진행했다. 보통 학원이나 과외 선생님 들이 문제 푸는 시간까지 다 포함해서 세 시간 강의를 하는 반면 최 선생님은 헛되이 보내는 시간이 없었다. 문제는 숙제로 미리 풀어오게 하고 수업할 때는 정답 확인과 설명만 했기 때문에 버리는 시간 없이 일사천리로 진행됐다. 시간이 길다고 생색내는 학원이나 과외 선생님 들이 일말의 양심이나마 있다면 최 선생님의 방식을 배우는 게 옳다는 생각이 들었다.

게다가 최 선생님은 내가 어떤 질문을 던져도 조금도 망설이는 법 없이 명쾌하게 대답했다. 선생님의 머릿속에는 대학입시와 관련한 국어 지식으로 가득 차 있었다.

두 번째 수업부터는 꽤 구체적인 내용을 다뤘다. 앞으로 문제를 풀 때 어떤 문제를 어떻게 다룰지에 대한 이야기였다.

"문자 보내줘서 고맙다."

선생님이 문득 생각났다는 듯이 불쑥 말했다.

"아, 네. 그것 뭐 질문인데요."

나는 공연히 쑥스러웠다. 안부 인사도 생략하고 궁금한 내용만 질문한 것이 후회됐다.

"질문이라도 해줘서 고맙다. 내 휴대전화는 거의 화장 거울 수준이니까."

"화장 거울이요?"

"응. 전화가 거의 안 오거든. 그래서 거울로 이용해."

"화장을 하시나 봐요?"

"푸하하."

선생님이 웃음을 터뜨렸다. 나도 웃었다. 기분이 좋아졌다.

"그래, 네가 질문한 게 거리에 관한 거였지?"

"네, 거리 문제가 참 어렵더라고요."

거리는 심리 표현 정도를 묻는 것이다

"거리를 묻는 문제는 입시 단골 중 하나야. 거리를 물으면 시점이나 심리 표현의 정도를 묻는 거라고 생각하면 돼. 어느 쪽이건 네가 자신 있는 쪽을 선택하면 된다. 만일 독자나 화자, 작가 등 어떤 대상과의 거리를 묻는 문제라면 주어진 내용에 인물의 심리가 얼마나 직접적으로 표현됐는지 살펴보는 거다. 심리, 즉 인물의 생각이 드러나면 거리가 가깝고, 인물의 생각이 잘 드러나지 않으면 거리가 멀겠지.

소설에서는 인물의 심리를 어떻게 표현하느냐에 따라 시점이 결정돼. 너도 잘 알다시피 시점에는 1인칭 주인공 시점·1인칭 관찰자 시점·3인칭 관찰자 시점·전지적 작가 시점이 있어. 3인칭 관찰자 시점은 다른 말로 작가 관찰자 시점이라고도 하지. 1인칭 주인공 시점은 소설 속에 '나'가 주인공으로 등장하므로 인물의 심리가 적나라하게 드러난다. 따라서 1인칭 주인공 시점은 거리가 가장 가까워. 1인칭 관찰자 시점에도 '나'가 등장해. 하지만 주인공은 따로 있지. 화자인 '나'가 주인공인 제3의 인물을 관찰하면서 그의 행동에 따라 이야기를 전개하지. 따라서 주인공의 심리는 잘 드러나지 않아. 거리가 조금 멀어지지.

전지적 작가 시점은 '나'가 등장하지 않고 대신 작가가 신처럼 모든 인물의 행동과 심리를 꿰뚫고 있어. 작가가 때로는 관찰자가 되어 인물의 심리를 모르는 척하기도 하고, 때로는 모든 인물들의 심리를 다 설명해주기도 해. 따라서 이 시점은 거리가 가까웠다 멀어졌다를 반복할 수 있어. 마지막으로 3인칭 관찰자 시점은 소설 속에 '나'는 등장하지 않아. 또한 모든 사실을 다 아는 작가도 없어. 따라서 소설 속 인물의 심리가 전혀 표현되지 않으므로 이 시점은 거리가 가장 멀겠지. 하지만 3인칭 관찰자 시점만으로 소설을 쓴다는 건 사실상 불가능해.

황순원 작가의 단편소설 〈소나기〉를 해설한 글들을 보면 전체적으로 3인칭 관찰자 시점이면서 부분적으로는 전지적 작가 시점이라는 내용이 나와. 하지만 그것은 억지로 끼워 맞춘 논리다. 소설의 시점을 결정할 때, 특히 단편에서는 여러 시점이 있을 수 없어. 더구나 〈소나기〉는 여러 내용에서 인물의 심리가 드러나므로 전지적 작가 시점이라고 봐야 한다. 일부분만 떼어내 논의할 것 같으면 시점 자체에 대한 정의가 불필요해. 결론적으로 말하자면 3인칭 관찰자 시점은 문제에 나올 가능성이 거의 없다는 뜻이야.

일반적으로 작가·독자·화자의 관계를 방정식처럼 세분화해서 설명하기도 하지만 대학입시를 위해서라면 굳이 세분화하지 않아도 돼. 다시 말하지만 심리 표현이 거리와 관계가 있다는 단순한 공식만 이해하면 돼. 답이 됐니?"

"네, 이해가 가요."

"기왕 거리 문제가 나왔으니까 그와 흡사한 문학 장르의 특징을 묻는 문제도 간단히 짚고 넘어가자."

선생님이 잠시 내 얼굴을 빤히 바라보았다. 항상 느끼지만 선생님은 눈이 참 선하게 생겼다.

"수필은 주관적이고 소설이나 희곡은 객관적이라는 점을 기억해 둬. 수필은 글쓴이가 직접 자신의 경험을 이야기하기도 하고 자신의 사상을 강요하기도 하지. 그러나 소설이나 희곡에는 반드시 작가를 대신한 인물이 등장해. 일종의 인형극이랄까? 따라서 작가는 어떤 경우에도 자신의 목소리를 직접 드러내지 않고 인물을 통해 간접적으로 드러내지. 따라서 수필은 주관적인 반면 소설이나 희곡, 판소리 등의 서사 장르, 즉 이야기 구조가 있는 장르는 객관적이고 간접적인 문학이라고 이해하면 좋겠다."

제시문에 답이 있다

"자, 그렇다면 문제 전체를 어떻게 봐야 할까? 결론부터 말하자면 전후 문맥을 잘 살피는 것이 중요해. 특히 입시에서는 전후 문맥을 반드시 관찰해야 한다. ==모의고사에는 문맥적 의미를 무시하는 문제들이 종종 나오지만 대학입시는 반드시 문맥 속에 답이 있어.== 눈에 빤히 보이는 것을 선뜻 골랐다가는 낭패를 볼 수도 있어. 특히 어휘 간의 관계를 묻는 문제는 주의해야 한다.

그 다음, 국어 문제는 제시된 지문만 잘 읽어도 누구나 90점 이상 받을 수 있다는 얘기는 앞에서 이미 했지. 한데 내용 파악하는 문제를 내면서 '맞는 내용을 찾으라'는 단순한 형태를 취하는 경우는 극히 드물어. 내용상 옳은 것 혹은 옳지 않은 것을 찾으라는 식으로 문제가 간단하게 나와준다면 얼마나 고맙겠니? 하지만 대부분은 그 단순한 말을 좀 더 그럴싸하게 바꾸기 때문에 애를 먹게 돼. 시험 보는 학생들을 긴장하게 만드는 어휘를 사용하는데, 실제로는 내용을 묻는 문제라는 걸 기억해.

예를 들면 반응·비판·질문·각색(그림·연극·영화·드라마 등)·감상 등을 묻는 문제를 많이 봤을 거야. 이 어휘들을 긍정적으로 묻는 경우와 부정적으로 묻는 경우가 있어. 긍정적인 경우를 예로 들어볼까? =='이 글을 읽은 감상으로 옳은 것을 찾으라'는 문제라면 그것은 글의 중심 내용이나 주제를 묻는 거야. 반대로 '이 글을 읽고 던진 질문으로 옳지 않은 것은 무엇인가'라고 묻는다면 글의 내용에 없는 것을 찾으라는 문제인 거지. 따라서 이 질문의 답은 지문에 모두 드러나 있어. 응시자의 상상이나 추리력을 측정하는 게==

==아니라 정확하게 글을 읽었는가를 확인하는 문제인 거야.==

이렇게 내용을 묻는 문제가 전체 국어 시험의 20퍼센트를 넘기 때문에 꽤 비중이 높은 편이야. 이런 문제를 만나면 편안하게 내용을 찾아서 분석하면 돼. 다시 말하지만 이런 유형의 문제는 답이 문면에 모두 드러나 있어. 짧게 설명했지만 시험에서 이 문제가 갖는 비중은 매우 크니까 잘 기억해둬."

"선생님, 너무 빨라요. 다시 한 번요."

최 선생님은 다시 한 번 찬찬히 되짚어주었다. 반응·비판·질문·각색(그림·연극·영화·드라마 등)·감상 등에 대한 질문은 본문을 꼼꼼히 읽고, 본문에 내용이 있는지 없는지를 파악하라는 것이다. 그래서 본문에 없는 것을 설명한 문항이 답이 된다는 말이다.

이런 문제는 정말로 시험에 빈번하게 출제된다. 문제를 볼 때는 이것이 내용을 파악하는 문제라는 생각을 미처 못했다. 그런데 선생님의 말을 듣는 순간 비로소 '아, 그랬구나!' 하고 알게 됐다. 알아두면 참 유용하겠다 싶어 별표를 여러 개 해뒀다.

"많은 사람들이 잘 알고 있듯이 ==극단적인 답은 오답이라는 걸 기억해라.== 가령 '이 글은 세상의 모든 사람이 만족할 만한 글이다'는 극단적이지? '모든'이라는 단어에 문제가 있는 거야. 항상 어디에나 예외라는 것이 있을 수 있으니까 이처럼 극단적인 문항은 대부분 잘못된 내용이다.

많은 국어 선생님들이 '매력적인 오답'이라는 말을 사용하는데,

세상에 매력적인 오답이란 없어. 정답은 정답이고 오답은 오답일 뿐이야. 물론 국어 문제가 수학처럼 명확한 정답이 있는 게 아니고 다양한 해석이 가능하다는 데는 나도 동의해. 하지만 수학에도 다양한 해석이 가능한 문제는 있어. 따라서 정답은 단지 통계에 의해 만들어질 뿐이야. 전문가 집단이 내놓은 통계라고 하는 게 더 정확하겠구나."

궁극적인 주장과 중심 내용 파악하기

"문제를 볼 때 '궁극적인 주장'과 '중심 내용'을 잘 구분해야 해. ==중심 내용은 주어진 지문의 내용을 요약한 것이다. 반면 궁극적이란 것은 글의 중심 내용을 통해 결국 무엇을 말하고자 하는지를 묻는 거야.== 가령 지문이 '청소년의 컴퓨터게임 실태'를 설명했다면 글의 중심 내용은 당연히 청소년의 컴퓨터게임 실태를 다뤘겠지. 그렇다면 그 글이 궁극적으로 주장하는 것은 무엇일까? 자, 이럴 때 안 봐도 비디오라고 하지? 이 지문의 궁극적인 주장은 '청소년들이 컴퓨터게임을 지양해야 한다'는 내용일 거야. 다시 말하지만 글을 통해 무엇을 말하고자 하는가가 궁극적인 주장이므로 실제 문제에서 혼동하지 않길 바란다.

자, 중심 내용에 대한 언급이 나왔으니 좀 더 확장해보자. '글을 잘 요약한 것을 찾으라'는 문제나 '본문을 잘 정의한 문항을 찾으

라'는 문제가 나오면 으레 중심 내용을 묻는다고 생각하면 돼. 그렇다면 어떻게 요약해야 할까? 나중에 이야기할 기회가 따로 있겠지만 논술을 할 때나 다른 글을 쓸 때도 요약은 아주 중요해. 요약할 때는 구체적인 내용을 배제하고 추상적인 개념들을 본문에서 뽑아내어 문장을 만들어야 해.

자, 예문을 하나 들어보자.

초기 인류의 화석을 보면, 원시인의 골격은 오늘날의 인간들과 동떨어지고 오히려 유인원에 흡사하다는 인상을 받게 된다. 그런 가운데에서도 극히 미미하지만 분명히 다른 특징을 찾아낼 수 있다. 그런데 바로 이 미미한 특징이 인류 문명의 발전을 가능하게 한 요인이다. 그것은 두 다리로 걷기에 알맞은 신체 구조, 즉 직립보행이 가능한 신체 구조였다. 두 다리로 걷는다는 것은, 곧 두 팔을 보행이라는 동작으로부터 해방시킨다는 의미였고, 이렇게 자유로워진 두 손으로 도구를 만들고 또 그것을 다룰 수 있게 되면서 인류 문명 발달의 새로운 국면을 열어놓았다.

이 예문에서 밑줄 친 부분을 보자. '두 다리로 걷기에 알맞은 신체 구조'라는 말은 '직립보행'이라는 추상적인 단어로 바꿀 수 있어. 또 '두 팔을 보행이라는 동작으로부터 해방시킨다'는 말은 '자유로워진 두 손'으로, '도구를 만들고 또 그것을 다룰 수 있다'는 말은 '도구 사용'으로 추상화할 수 있어. 이처럼 <mark>구체적인 어휘들을 배제하고 추상적인 개념을 뽑아서 위의 글이 전달하고자 하는 중심 내용에 맞게 문장을 조합하면 돼. 조심할 것은 요약하는 사람의 의견은 완전히 배제해야 한다는 거야.</mark> 요약의 내용은 원문을 쓴 필자의 의견일 뿐이야. 자, 한번 만들어보겠니?"

내가 문장을 만드는 사이 최 선생님은 창밖을 내다보았다. 새벽 세 시를 넘긴 깊은 밤, 창밖으로 무엇이 보일까? 아니면 창에 비친 자신의 얼굴을 보고 있는 걸까?

선택한 어휘들을 배열했더니 내가 보기에도 그럴싸한 문장이 완성됐다.

인류는 직립보행으로 손의 자유를 얻어 도구를 사용함으로써 문명을 발달시켰다.

내가 문장을 내밀자 선생님은 아주 만족스러워하며 웃는다.

"야아, 훌륭하구나. 어떠냐? 이제 요약 문제는 잘 풀 수 있겠지?"

그렇게 물으면서도 선생님은 내 눈을 보지 않았다. 나는 잠시 '선생님은 자기 자신을 부끄러워하는 게 아닐까? 자기가 하는 일에 죄책감을 느끼는 게 아닐까? 그래서 내 눈을 똑바로 보지 못하는 게 아닐까' 하고 생각했다. 하지만 그건 나에게 중요한 문제가 아니다.

"네, 정말로 요약이 잘된 것 같아요."

"좋았어. 이렇게 하나씩 해결해가는 거다."

최 선생님은 다시 신들린 듯이 문제해결방법을 설명하는 데 집중했다. 나도 마치 음악을 듣는 것처럼 선생님의 강의에 완전히 몰입했다. 새벽인데도 전혀 졸리지 않았다.

여러 유형의 해결 방안 1

"비평 문제 가운데 내재적 기준과 외재적 기준에 대한 질문을 본적이 있지? 그 문제는 꽤 단골이야. 평균 1.5년에 한 번은 꼭 나올 정도로 출제 빈도가 높지. 알고 보면 매우 단순한 문제인데 원리를 몰라서 많이들 틀려. 하지만 단순화해보면 출제위원들이 너희에게 선물로 주는 문제라는 걸 금방 알 수 있다.

외재적 비평이란 작품 자체가 아니라 작품 외적인 요인을 기준으로 비평하는 거야. 한데 이런 정의가 더 헷갈리게 하는 경우가 있지? '외적 요인'이라는 용어를 하나 더 알아야 하니까. 그러면 단순하게 생각하자. 비평 내용 가운데 작가·독자·사회·역사를 언급하거나 다른 작품과의 비교가 언급되는 문항은 외재적 비평에 해당해. 작가나 독자에 대해 언급하거나 작품이 만들어진 사회·역사적 배경을 적용하거나 다른 작품과 비교하는 것이 외재적 비평이라는 거다. 그런 내용이 없으면 내재적 비평이고.

내재적 비평은 오직 작품 자체를 분석해. 하지만 내재적 비평 문제를 빨리 파악하기 위해서는 아까 언급한 다섯 항목의 존재 여부를 따져봐야 해. 그 다섯 항목이 없으면 내재적 비평인 거지."

이 문제는 쉬운 듯하면서도 은근히 어렵다. 특히 용어가 헷갈린다.

"선생님, 시적 화자와 시인은 같은 건가요, 다른 건가요?"

"그래, 이 문제에서 학생들이 가장 어려워하는 경우가 시적 화자를 언급할 때야. 현실과 작품을 착각한 나머지 시적 화자가 곧 시인인 줄 아는 거지. 하지만 김소월 시인의 〈진달래꽃〉에서 시적 화자는 여자이지만 시인은 남자라는 사실을 기억해라. 시적 화자와 시인은 서로 다른 존재야. 시적 화자가 언급되면 내재적 비평이고 시인이 언급되면 외재적 비평이 된다. 또 작가가 언급되더라도 내용은 내재적 비평인 경우도 있지. 가령 '이 작가는 갑돌이의 삶을 비극적으로 그리고 있다'고 하면 작가가 아닌 작품에 대해 언급하는 거다. 즉, 작품 속 갑돌이의 삶이 비극적이라는 말이지. 따라서 내재적 비평이 돼. 그럼 이런 건 어떨까? '이 작가는 갑돌이의 삶을 통해 자신의 비극적인 삶을 그리고 있다.' 이것은 외재적이야. 왜냐하면 작품을 통해 작가가 비극적으로 살아온 것을 보여준다는 뜻이거든. 이제 이해되니?"

나는 고개를 끄덕였다. 선생님이 지적한 대로 내가 곧잘 틀리는 문제다. 선생님은 강의를 계속했다.

"다음으로 '가장 ~한'의 문제를 조심하자. '가장 알맞은' 의견을 묻거나 '가장 먼' 답을 묻는 경우가 종종 있지. 이런 유형의 문

제는 답이 여럿일 수도 있고 마땅한 답이 없을 때도 있어. 이런 문제는 여러 항목 중에서 답에 가장 가까운 것을 찾는 거야. 어떤 사람들은 이런 문제에 답이 여러 개 존재한다고 이의를 제기하는데, 그건 국어를 잘 이해하지 못해서 하는 말이야. '가장'이라는 어휘는 비교 우위를 뜻해. 따라서 더 가까운 답을 찾으라는 뜻이지, 오직 하나만 맞았거나 틀렸다는 뜻으로 보긴 어려워. 만일 출제자가 이 유형의 문제를 어렵게 내고자 하면 정답을 찾기가 가장 힘들 거야. 이럴 때는 문제가 잘못됐다고 판단할 게 아니라 출제의도를 이해해야 해.

출제 빈도를 떠나서 다음 문제를 알아두는 것도 효과적이야. 도표나 그래프가 나오면 특징적 변화에 주목하자. 그 특징적 변화에 대해 언급하는 항목이 옳건 그르건 일반적으로 답이 된다. 가령 기계는 발전하고 자본도 증가하는데 노동자의 만족도가 떨어졌다면, 특징적 변수는 노동자의 만족도가 떨어졌다는 거지. 두 항목은 상승, 한 항목은 퇴보니까. 따라서 이때는 노동자의 만족도에 대한 언급이 답이야. 그 내용이 옳건 그르건. 그러나 예외 없는 법칙은 없는 법, 내용을 잘 관찰한 결과 다른 항목에서 확실한 답을 찾았다면 그 답에 표기해야겠지만, 잘 모르겠다 싶으면 특징적 변수를 선택해라. 물론 이러한 원리가 도표 문제에만 해당하는 것은 아냐. 일반적인 문제에서도 특징적인 항목이 답이 되는 경우는 드물지 않아.

그리고 감동의 주된 요인을 묻는 문제도 심심찮게 나와. 독자들이 감동을 받는 원인에는 여러 가지가 있겠지. 문장에서 혹은 글쓴이의 예리한 감각에서 감동을 받기도 해. 그런가 하면 글쓴이의 경험과 독자의 경험이 일치하거나 비슷한 데서 동질감을 느껴 감동할 수도 있어. 그러나 절대 다수의 사람들이 공히 감동을 느끼는 때는 언제일까? 바로 글쓴이가 글을 통해 전하고자 하는 것, 즉 주제를 독자가 제대로 받아들였을 때야. 따라서 <mark>감동의 주된 요인을 묻는 문제는 글의 주제를 묻는 거라고 이해하면 돼.</mark>

또 '이러한 주장의 전제는 무엇인가?'라는 문제는 어떻게 해결해야 할까? 전제를 묻는 문제는 이유나 근거, 배경을 확인하는 거야. '사필귀정(事必歸正)'이라는 말을 두고 보자. 모든 일은 반드시 정의롭게 귀결된다는 뜻인데, 정말 그럴까? 현실에서는 그렇지 않은 경우가 얼마든지 있지. 한데 사람들은 왜 그런 믿음을 갖고 있을까? 흔히 천벌을 받는다는 말을 하잖아. 천벌이란 하늘이 내리는 벌이지? 그러면 천벌을 받는다고 말할 때는 인간의 능력을 뛰어넘은 신과 같은 초월적 존재가 있어서 인간의 잘못을 심판하고 그에 대한 벌을 줄 거라는 믿음이 전제돼 있는 거겠지? 인간보다 훨씬 거대한 힘을 가진 누군가가 대신 벌을 줄 거라는 믿음. 사필귀정이라는 말에도 마찬가지 믿음이 존재하는 거야. 누군가 반드시 정의의 편에서 일을 해결해줄 것이다, 그래서 최후에는 정의가 승리할 것이라는 믿음. 결국 이 말은 인간보다 힘 있는 존재가 세상의 원

리를 지배한다는 생각을 근거로 했다고 볼 수 있지. 따라서 전제를 묻는 문제는 근거나 배경, 이유를 알아보는 거야."

동일한 원관념으로 시어의 흐름 찾기

"다음 유형의 문제는 굉장히 까다로워. 많은 학생들이 어려워하지. 시의 흐름과 긴밀하게 연관된 어휘 혹은 동일한 이미지를 찾으라는 문제가 심심찮게 출제되는데, 이런 문제는 '시에서 동일한 원관념을 찾으라'는 말로 이해하면 돼.

예를 들어 김남조 시인의 〈겨울바다〉 알지? 이 작품에서 시의 흐름을 긴밀하게 연결한 시어는 '겨울바다-허무의 불-인고의 물'이야. 시를 지극히 사실적으로 쪼개놓으면 '허무의 불'은 겨울바다의 수면 위의 허공, '인고의 물'은 겨울바다의 수면 아래 물을 의미해. 따라서 이들은 한결같이 겨울바다를 뜻하지. 이처럼 동일한 원관념을 찾는 문제인 거야. 동일한 원관념을 찾기가 쉽지 않을 때는 동일한 개념에서 나온 말을 찾아도 좋아.

이번에는 이육사 시인의 〈자야곡〉을 살펴보자.

수만 호 빛이라야 할 내 고향이언만
노랑나비도 오잖는 무덤 위에 이끼만 푸르러라.

슬픔도 자랑도 집어 삼키는 검은 꿈
파이프엔 조용히 타오르는 꽃불도 향기론데

연기는 돛대처럼 내려 항구에 돌고
옛날의 들창마다 눈동자엔 짜운 소금이 절여

바람 불고 눈보라 치잖으면 못 살리라
매운 술을 마셔 돌아가는 그림자 발자취 소리

숨 막힐 마음속에서 어디 강물이 흐르느뇨
달은 강을 따르고 나는 차디찬 강 맘에 드리노라.

수만 호 빛이라야 할 내 고향이언만
노랑나비도 오잖는 무덤 위에 이끼만 푸르러라.

이 시에서는 시어의 흐름을 찾기가 무척 까다롭다. 하지만 '빛-꽃불-연기'는 어떤 관계일까? 모두 담뱃불과 직접적으로 연관돼 있어. 꽃불은 담배불꽃이고 빛은 그 불꽃에서 나는 빛이며, 연기는 불꽃이 피면서 발생하는 거야. 이 시에 파이프도 소재로 등장하지만 파이프는 담배의 주변 도구일 뿐 담뱃불 자체로 연결되지는 않아. 이처럼 하나의 대상에서 연결되는 시어를 찾는 것도 좋은 방법이야. 끝으로 그래도 동일한 원관념을 찾기 어렵다면 각 연의 중심 소재를 연결하면 답이 될 거야."

문제를 나의 언어로 최적화하기 1

출제자들이 어렵고 복잡한 용어를 사용할 때 그들의 용어
에 집착하면 정답을 놓칠 수 있다. 따라서 문제의 언어를
나의 언어로 바꾸어 이해할 필요가 있다.

1. 내용을 묻는 문제는 다양한 형태로 응용된다

감상·반응·비판·질문·각색(그림·연극·영화·드라마 등) 등을 묻
는 문제는 글의 내용을 묻는 문제다. 예를 들어 '이 글을 읽은 감
상으로 옳은 것을 찾으라'는 문제는 글의 중심 내용이나 주제에
대한 질문이다. 반대로 '이 글을 읽고 던진 질문으로 옳지 않은 것
을 찾으라'는 문제는 글에 없는 내용을 찾는 질문이다. 학생의 상
상이나 추리력으로 답을 찾으면 안 된다. 이 문제는 정확하게 글
을 읽었는가를 측정하기 위한 문제이므로 본문에 숨어 있는 내용
을 찾아야 한다.

2. 문학 작품에서 거리를 묻는 문제

작가와 독자 혹은 작품 인물 간의 거리 등을 묻는 문제는 심리 표
현의 정도를 묻는 문제다. 인물의 심리, 생각이 드러날수록 거리
가 가까워진다. 따라서 인물의 심리가 가장 잘 드러나는 1인칭 주
인공 시점은 독자와 인물의 거리가 매우 가깝다. 반대로 3인칭 시
점은 심리가 잘 드러나지 않으므로 독자와의 거리가 멀어진다.

3. 산문 문학에서 작가의 태도

수필은 글쓴이가 직접 자신의 경험을 이야기하기도 하고 자신의

사상을 강요하기도 하므로 글쓴이가 직접 드러나는 주관적인 문학이다. 그러나 소설이나 희곡, 판소리 등의 서사 장르, 즉 이야기 구조가 있는 장르는 객관적이고 간접적인 문학이다. 소설이나 희곡에는 반드시 작가를 대신한 인물이 등장한다. 따라서 작가는 어떤 경우에도 자신의 목소리를 직접 드러내지 않고 인물을 통해 간접적으로 드러낸다.

4. 극단적인 답은 오답

극단적 답은 오답일 가능성이 높다. 가령 '이 글은 세상의 모든 사람이 만족할 만한 글이다'는 극단적인 내용이다. '모든'이라는 단어는 예외를 허용하지 않는다. 그러나 항상 예외는 있을 수 있으므로 극단적인 문항은 대부분 잘못된 내용이다.

5. 중심 내용은 요약문이다

'글의 중심 내용을 찾으라'는 문제나 '본문을 잘 정의한 문항을 찾으라'는 문제는 잘 요약한 문장을 찾으라는 것이다. 논술을 할 때나 다른 글을 쓸 때도 요약은 아주 중요하다. 요약할 때는 구체적인 내용을 배제하고 추상적인 개념들을 본문에서 뽑아내어 문맥의 흐름에 맞게 문장을 조합해야 한다. 이때 요약하는 사람의 의견은 완전히 배제해야 한다.

문제를 나의 언어로 최적화하기 2

1. 내재적 비평 VS. 외재적 비평

외재적 비평이란 작품 자체가 아니라 작품의 외적인 요인을 기준으로 비평하는 방법이다. 이 비평에는 모방론·반영론·효용론·원전비평론 등이 해당된다. 하지만 학문적 용어를 떠나 단순하게 생각하면 비평 내용 가운데 작가·독자·사회·역사를 언급하거나 다른 작품과의 비교가 언급되는 문항은 외재적 비평에 해당한다. 내재적 비평은 오직 작품 자체를 분석하는 것이다. 이를 표현론 혹은 절대론이라고 한다. 하지만 내재적 비평 문제를 빨리 파악하기 위해서는 외재적 비평에서 언급한 다섯 항목의 존재 여부를 따져봐야 한다. 그 다섯 항목이 있으면 외재적 비평, 없으면 내재적 비평이다.

2. 출제의도를 읽어라

'가장 알맞은' 의견을 묻거나 '가장 먼' 답을 묻는 문제는 상당히 복잡한 문제다. 이 유형의 문제는 답이 여럿일 수도 있고 마땅한 답이 안 보일 때도 있기 때문이다. '가장'이라는 어휘는 비교 우위를 뜻하므로 더 가까운 답을 찾아야 한다. 반드시 하나의 답만 있다고 보기 어려우므로 여러 항목 중에서 답에 가장 가까운 것을 찾는 것이 요령이다. 그러나 너무 걱정할 필요는 없다. 요즘은 출제자들이 여론의 비난을 피하기 위해 답이 잘 보이도록 출제하고 있으니까.

학생들이 용어의 문제로 어려움을 겪는 문제 중 하나가 '궁극적인 주장'과 '중심 내용'을 구분하는 것이다. 중심 내용은 지문의 내용

을 요약한 것이다. 반면 궁극적인 주장은 글의 중심 내용을 통해 결국 무엇을 말하고자 하는지를 묻는 것이다.

3. 특징적 변수에 주목하라

도표나 그래프가 나오면 특징적 변화에 주목한다. 특징적 변화에 대해 언급하는 항목이 일반적으로 답이 된다. 물론 여기에도 예외가 있을 수 있으므로 확실한 다른 정답이 있으면 그 답을 선택해야 하지만, 잘 모르겠다 싶은 경우에는 특징적 변수에 대한 언급을 선택하면 정답일 확률이 높다.

물론 이러한 원리가 도표 문제에만 해당하는 것은 아니다. 일반적인 문제에서도 특징적인 항목이 답이 되는 경우가 많다.

4. 전제를 묻는 문제는 주장의 근거를 찾는다

'이러한 주장의 전제는 무엇인가?'라는 문제는 주장의 이유나 근거, 배경을 확인하는 문제다. 사필귀정이라는 말의 전제를 묻는 문제를 예로 들어 보자. 모든 일은 반드시 정의롭게 귀결된다는 뜻인데, 정말 그럴까? 현실에서는 그렇지 않은 경우가 얼마든지 있는데 사람들은 인간보다 훨씬 거대한 힘을 가진 누군가 반드시 정의의 편에서 일을 해결해줄 것이라고 믿는다. 인간보다 힘 있는 존재가 세상의 원리를 지배한다는 생각을 근거로 나온 말이다. 따라서 전제를 묻는 문제는 근거나 배경, 이유를 묻는 말이다.

5. 시어의 흐름을 물을 때

시의 흐름과 긴밀하게 연관된 어휘 혹은 동일한 이미지를 찾으라는 문제가 심심찮게 출제된다. 이런 문제는 '시에서 동일한 원관념을 찾으라'는 말로 이해하면 된다.

예를 들어 김남조 시인의 〈겨울바다〉에서 시의 흐름을 긴밀하게 연결한 시어는 '겨울바다-허무의 불-인고의 물'이다. 이 시에서 '허무의 불'은 겨울바다의 수면 위의 허공, '인고의 물'은 겨울바다의 수면 아래 물이다. 따라서 이들은 한결같이 겨울바다를 뜻한다. 이럴 때 시어의 흐름이 같다고 한다. 이처럼 동일한 원관념을 찾는 문제라고 생각하자.

동일한 원관념을 찾기 어려우면 하나의 시적 대상에서 연결되는 시어를 찾는 것도 효과적인 방법이다. 이육사의 〈자야곡〉에서는 빛, 꽃불, 연기로 이어진다. 이는 모두 담배에서 출발한 시어다. 이렇게 해서도 답이 없으면 각 연의 중심 소재를 연결하면 된다.

chapter 8
네 번째 수업
쓰기 성적의 변화

과외를 시작한 지 4주째다. 이번 수업에는 최 선생님이 시 다섯 편을 들고 왔다. 시마다 아무런 해설도 없이 군데군데 밑줄이 쳐져 있다. 그 밑줄 친 곳에 떠오르는 대로 해설을 써보라고 했다.

"시 한 편을 스스로 해석해보면 가슴으로 느낄 수 있어. 시는 가슴으로 느껴야 점수가 올라간다. 앞으로 시험 볼 때까지 이 훈련을 덤으로 하자. 진작부터 꾸준히 한 주에 한 편만 분석했더라면 더 좋았겠지만, 과거는 이미 흘러갔다."

내가 생각나는 대로 해석을 적고 나자 선생님이 나와 함께 시를 분석했다.

"시를 읽을 때는 서사 구조, 즉 시의 줄거리를 파악해야 해. 시에

도 이야기가 있거든. 그 이야기를 파악하는 게 우선이고 그다음에 수사법이나 시의 구조, 상징하는 것들을 배우면 돼. 무엇보다 너 스스로 시를 해석해보는 게 이 훈련의 핵심이야."

선생님은 시 해설을 끝낸 뒤 양동이로 물을 퍼붓듯 가르칠 내용을 쏟아냈다.

"자, 과거에 국어를 배운 사람들은 표현 방법·표현법·표현 기교를 '수사법'이라고 알고 있어. 이런 유형의 문제는 글을 어떻게 표현 혹은 수사(修辭)했는가를 알아보는 거야. 표현 방법에서 예외적으로 어조나 진술 방법 등을 묻는 경우도 있기는 하지만, 거의 대부분은 수사법을 묻는 거야. 수사법을 이해하고 동일한 수사법을 찾도록 해."

"선생님, 질문이 있는데요……."

"어, 미안하다. 갈 길이 멀다 보니 내가 지나치게 빠르지? 원래 내가 농담도 못하고 그저 강의만 해서 말이야. 그래, 질문이 뭐지?"

"아, 솔직히 말씀드려서 엉뚱한 얘기로 시간 낭비 안 하시고 열심히 강의해주시는 건 감사하게 생각해요."

나도 이런 감사의 표현을 하는 게 익숙지가 않아서 겸연쩍었다. 하지만 그것이 솔직한 내 마음이었다. 시험을 코앞에 둔 나로선 실없는 농담이나 일삼는 선생님에게 배우기엔 시간이 너무 아깝다. 학원가를 보면 강의보다 농담을 많이 하는 강사들이 있는데, 그런 사람들이 더 인기가 있는 걸 보면 나는 이해가 되지 않는다.

"수사법과 어조, 진술 방법이 무엇인지 모르겠어요. 꼭 알아야 하는 거라면 설명 좀 해주세요."

선생님은 내 질문을 수첩에 메모하더니 고개를 끄덕였다.

"그래, 요즘은 많은 학생들이 기본적인 개념들을 잘 안 배우는 것 같아. 개념을 제대로 배우는 원리 학습을 하면 이해도 빠르고 잘 잊어버리지도 않는데 말이야. 지금은 우선 설명을 하고 다음에 자료를 줄 테니 나중에 꼭 읽어 봐."

선생님의 설명에 따르면 수사법에는 은유법·직유법·대유법이 있다. 이런 내용은 참고서나 시중에 나와 있는 자료에도 얼마든지 있는데 내가 제대로 관심을 갖지 않았던 것이다. 진술 방법은 이미 중학교 과정에서 배웠어야 할 내용이지만 그 시기에 나는 한국에 없었다. 설령 내가 배웠다 하더라도 당시에는 그런 개념을 익힐 만큼 국어 능력이 충분하지 않았을지 모른다.

진술 방법에는 서사·묘사·과정·분류·정의·대조·유추 등의 항목이 있고, 이들을 다른 말로 설명 방법이라고도 한다.

어조는 간단하지가 않다. 글쓴이 혹은 글 속에 등장하는 인물의 태도를 어조라고 할 수 있겠으나 그 갈래가 매우 복잡하다. 거의 100가지에 이르는 어조가 존재하는 탓이다. 그중 역설적·반어적·낙관적·비관적·의지적·방관적·풍류적·언어유희 등을 자주 쓴다. 최 선생님은 그 내용을 일일이 그러나 매우 간단명료하게 설명해주었다. 한 번 들었을 뿐인데 머리에 쏙쏙 들어왔다.

선생님은 내가 질문한 것 외에 성급한 일반화의 오류, 순환 논증의 오류 등 오류에 대해서도 설명을 했다. 이 내용은 사실상 국어가 아니라 논리학, 그러니까 수학 분야임에도 불구하고 국어 시험에 심심찮게 출제된다. 물론 용어를 묻는 게 아니라 같은 잘못을 저지르는 문장을 고르라는 문제로 나오지만 오류의 개념을 파악하고 있으면 도움이 될 것 같다. 하지만 안타깝게도 내가 목까지 차오른 고3이라 오류의 개념까지 다 배우긴 어렵다.

"지금 컴퓨터 프린터 사용 가능하니?"

"네."

"좋아, 그러면 내가 자료를 줄 테니 네가 프린트를 좀 해라. 따로 가르칠 시간은 없으니 지금 주는 자료를 반드시 읽어 봐."

선생님이 USB를 내밀었다. 나는 그 안에 저장돼 있는 문서를 프린트해서 돌아왔다. 선생님이 어둠만 깔린 창밖을 내다보고 있다.

"참, 저 어제 사설 모의고사를 봤어요."

"그래? 잘 봤어?"

"네, 다른 과목은 모두 잘 봤는데 늘 그렇듯 국어만 못 봤죠."

나는 사실 국어에 대해선 자포자기에 가까웠다. 도대체 어떤 언어가 국어인지도 잘 모르겠다. 내가 그동안 공부한 양으로 따지면 국어보다 영어가 훨씬 많다. 어디 나만 그러랴. 공부 좀 한다는 학생치고 국어 공부를 더 많이 한 애들이 있을까? 한국어는 태어나면서부터 말하고 듣고 쓰지만 영어는 뒤늦게 배우니까 당연히 영어를 더 많이 공부해야 한다고 말할지 모르겠다. 하지만 그 말이 꼭 맞는 건 아니다. 학교 수업을 위해서도 한국어로 쓰인 책은 거의 읽지 않으면서 영어로 쓰인 책은 엄청나게 읽어야 했다. 학생들에게 국어는 어쩌면 한국어가 아니라 영어라고 해야 할 정도다.

다들 한심한 노릇이라고 우려하지만 그런 일을 앞장서서 하는 한국 사람들을 나는 많이 봤다. 미국에서 사는 동안 만난 한국 출신 학생들은 상당수가 한국어를 거의 몰랐다. 미국에서 태어나 부모의 모국어를 모르는 사람은 한국인밖에 없다는 자조적인 말까지 있을 만큼 한국 사람들은 한국말을 쓰는 데 소극적이었다. 중국 아이들은 밖에선 영어를 쓰지만 집에 가면 철저히 중국어를 썼다.

한국 사람들 중 상당수가 한국어를 잘하는 걸 부끄럽게 여기는 듯했다. 한국 사람인 것을 감추려 하고, 서로 마주쳐도 아는 척을 안 하는 경우가 많았다. 그러면서도 자신은 굉장히 선량한 사람인 것마냥 뻐겼다. 부끄럽지만 이것이 내가 미국에서 본 한국 사람들의 실상이다.

언어 하나로 주체성 운운하면 지나친 평가라고 생각할지 모르겠으나 언어는 민족적 특성을 대변하는 정수다. 따라서 모국어를 부끄럽게 여기는 것은 주체성이 없음을 방증하는 것이다.

"성적이 단숨에 오르면 좋겠지만 국어라는 과목의 특성상 그리 쉬운 일은 아니지."

나는 선생님의 이런 주장을 수도 없이 들어왔다. 그럴 때마다 강

사들이 자신의 무능을 합리화하기 위한 방편으로 하는 말이라고 생각했다. 최 선생님마저 그렇게 말하니 기분이 상했다. 그래서 조금 비꼬듯이 물었다.

"제 성적이 오르긴 오를까요? 한국말은 정말 너무 어려워요."

"글쎄다. 한국말이 어렵다기보다 국어 문제가 어려운 거겠지?"

"……그렇기도 하고요."

듣고 보니 최 선생님의 말이 맞다. 세상의 모든 언어는 어렵거나 쉽거나 다 마찬가지다. 사람이 나서 죽을 때까지 느끼고 생각하는 것들을 표현하는 게 언어이므로 특정 언어가 더 어렵다고 보긴 힘들다. 태어나면서부터 어떤 언어를 사용했느냐의 차이만 존재할 뿐이다.

"점수보다도 퍼센트가 중요하지. 네가 전체에서 몇 퍼센트쯤에 있는지를 보는 게 중요해. 점수는 난이도에 따라 오르기도 하고 내려가기도 하니까."

"그대로였어요. 전혀 변화가 없었어요. 남은 6주 만에 국어 공부가 끝나긴 할까요? 아니, 점수가 오르긴 할까요?"

국어 점수에 변화가 전혀 없으니 나로선 아무래도 회의적일 수밖에 없다. 단 세 번 수업하고 점수가 극적으로 오르기를 기대할 순 없겠으나 지금 내 공부는 10주 완성 프로그램이 아닌가. 내가 최 선생님에게 배우는 횟수는 딱 10회에 불과하다. 부모님도 선생님도 주 1회 열 번 과외 받는 것만으로 점수가 오르기를 기대한다. 사실

나 스스로는 미심쩍었지만 물에 빠져 지푸라기라도 잡는 심정이라고나 할까? 다른 방법이 없다고 생각하고 최 선생님을 믿어보기로 한 것이다. 하지만 조급한 내 마음을 비웃듯 시간은 제트기처럼 날아가고 있다.

"그래, 쉽지 않은 일이야. 10주 만에 국어 공부를 끝내거나 완성할 수 있다면 얼마나 좋겠니? 나는 어려서부터 국어 공부를 아주 잘했던 사람인데 고등학교, 대학교까지 나오고 이렇게 오랫동안 학생들을 가르치고 있으면서도 아직까지 헷갈리는 문제가 많단다. 띄어쓰기나 적절한 어휘를 찾는 문제 등은 여전히 혼란스러워. 그런 문제까지 다 감안하면 국어를 10주에 정복한다는 게 가능할 리가 없지. 아마 평생을 공부해도 어려울걸. 안 그래? 우리가 하려는 것은 네 말대로 점수를 올리자는 건데 이조차도 10주 만에 그 결과가 어떻게 될지는 두고 봐야겠다. 하지만 시험 운이 아주 나쁘지만 않다면 최소한 한 등급은 올라가리라 믿는다."

보통 학원 선생님이나 과외 선생님 들은 자신이 하는 말은 진리고, 자기가 이끄는 대로만 따라오면 전지전능한 국어의 신이 될 것처럼 허풍선을 띄우는 데 반해 최 선생님은 항상 반걸음쯤 물러서서 이야기한다. 그 때문에 선생님이 더 미더울 때도 있지만 때로는 자신이 없는 건가 싶을 때도 있다.

하긴 최 선생님이 말했듯이, 큰소리 뻥뻥 치는 학원 선생님들이 하라는 대로 공부했다가 점수가 안 오른다고 해서 그들을 고소

할 수도 없는 노릇이다. 그 선생님들이 제아무리 큰소리를 쳐도 책임질 일은 없는 것이다. 그러니 학생들을 현혹시키는 게 우선이다. 어쩌면 그런 학원들은 학생들을 끌어다가 장사만 하면 그만이라고 생각하는지도 모른다. 뒷갈망에 대한 책임감도, 학생들의 입장을 배려하는 양심도 없는 것이다.

하지만 최 선생님은 적어도 터무니없는 자신감을 드러내진 않는다. 어떨 때는 그런 모습이 더 남다른 자부심인 것처럼 대단하게 느껴지기도 한다.

"아, 한 가지 변화가 있긴 했어요. 선생님께서 쓰기는 2, 3주 만에 잡을 수 있다고 하셨는데, 이번엔 정말 쓰기 문제는 안 틀렸더라고요."

사실이다. 쓰기 문제는 다 맞혔다. 쓰기 문제를 다 맞히긴 처음이다. 그동안 최 선생님이 골라준 문제를 풀고 선생님의 해설을 들은 게 확실히 효과가 있었음에 틀림없다. 선생님은 꼭 틀린 문제만 해설하기보다 문제의 흐름별로 짜임새 있게 설명해주는 편인데 잘 정제된 강의 덕분에 그 내용이 잊히지 않았다.

문학작품은 우리를 존재하게 한다

"그런데 선생님, 이건 그냥 궁금해서 여쭤보는 건데요, 고전이니 시니 소설이니 하는 문학작품까지 공부할 필요가 있나요? 국어 공부가 다른 공부를 위해서나 앞으로 사회생활을 하는 데 정말로 그렇게 중요한가요?"

시험과는 관계없는 질문이었으나 평소 궁금하게 여긴 점이다. 왠지 최 선생님은 명쾌한 답을 갖고 있을 것 같다.

"글쎄, 세상에는 정말로 중요한 무엇은 없는지도 몰라. 중요한 것은 각자 생각하기 나름이니까. 국어 공부가 정말로 중요할까? 꼭 그렇지는 않아. 특히 국어를 가르치는 입장에서 국어는 정말로 중요한 과목이다 하고 장담할 순 없어. 그건 마치 내가 국어를 강의하는 입장이니까 내 국어를 상품으로 사라는 것 같잖아. 장사꾼이 된 기분이랄까. 하지만 국어는 정말 중요해. 언어 없이 인간의 문명은 존재할 수 없잖니? 문명과 삶은 언어, 곧 국어로 이뤄지기 때문이지. 더 깊은 이야기를 할 수도 있지만 아주 간단히 말해서 국어를 제대로 못하면서 영어나 수학을 할 수 있을까? 불가능하지. 인간의 사고체계 자체가 언어, 즉 우리말로 이뤄져 있으니까. 어느 민족이나 국민들에게도 마찬가지로 모국어란 중요한 거야."

선생님이 마른기침을 두어 번 하고 나서 물을 마셨다. 물끄러미 보고 있자니 선생님의 손이 참 희고 곱다. 왠지 손이 예쁘면 사람이 순수해 보인다. 물론 아무런 근거는 없다. 단지 그렇게 느낄 뿐이다.

"시나 소설 등 문학작품을 읽는 것이 실생활에서는 아무짝에도 쓸모가 없겠지. 하물며 고전문학은 어떻겠니? 그게 사회생활에 무슨 도움이 된다는 걸까? 하지만 잘 생각해보면 전혀 도움이 안 되는 것들이 세상을 움직이고 있다는 걸 알 수 있어. 길게 말할 시간이 없는 게 아쉽다만 너희가 좋아하는 컴퓨터게임은 무슨 도움이 돼서 하는 거니? 오히려 해가 되지 않나? 오락을 많이 하면 시간도 헛되게 쓰게 되고 때론 뇌에 이상 신호를 준다는 보고도 있잖니. 그렇다면 고전과 현대문학을 포함한 문학이나 역사는 왜 공부해야 할까? 따지고 보면 수학은 왜 배우고 또 과학은 왜 공부할까? 일부 전문가만 하면 되는 것 아닐까? 노래는 왜 듣고 그림은 왜 보며 만화는 왜 읽지?

나는 그 모든 것이 정신의 영양소라고 생각해. 눈에 보이지 않는 공기가 우리에게 삶을 제공하듯이 불필요해 보이는 그 많은 것들이 모여서 우리의 삶을 만드는 거야. 특히 언어는 논리 없이 성립될 수 없는데, 논리는 또 수학의 분야거든. 그렇게 보면 언어는 모든 학문이나 인간 사고의 기초라고 할 수 있지. 좋은 기초를 닦지 않으면 좋은 건물이 들어설 수 없는 법이야. 문학이나 언어는 우리를 살게 하는 게 아니라 존재하게 하는 거야."

나는 벽 위의 시계를 봤다. 새벽 네 시, 어느새 시간이 다 됐다. 시간이 되면 무조건 강의를 정리해야 한다. 내가 시간을 더 요구하면 당연히 수강료를 더 지불해야 한다. 물론 그것을 받느냐 마느냐는 선생님의 마음이지만. 만일 선생님이 더 시간을 내려고 해도 내가 내일을 위해 자야 할 때이므로 아니, 자야 할 때가 훨씬 지났으므로 오늘 수업은 이쯤에서 정리를 해야 한다.

가장 좋은 과외 선생님은 강의를 더해주는 사람이 아니라 확실하게 공부를 가르치고 정확한 시간에 약속대로 끝내는 사람이다. 가끔 초짜 선생님들이 자기 나름대로 정성을 보인답시고 강의 시간보다 일찍 오기도 한다. 5분 정도 빨리 오는 건 상관이 없지만 그보다 더 빨리 오면 곤란하다. 숙제도 미리 해놔야 하고 방 정리도 해야 하니까. 설령 그렇지 않더라도 이미 빠듯하게 짜인 내 시간을 잡아먹을 수 있으므로 미리 도착한 선생님이 반가울 리 없다. 제시간에 정확하게 도착해서 정해진 시간에 딱 맞춰 돌아가는 능력도 유능한 과외 선생의 덕목이다.

문학작품 문제 대비법

기복 없는 성적을 유지하고 싶으면 기초
를 튼튼히 해야 한다. 시간이 부족하더라도 할 수만 있다면 최대
한 기초 작업을 해야 성적이 오르더라도 안정적으로 유지된다.

1. 시를 해석하자
가슴으로 느끼며 시를 읽으면 점수는 자동으로 올라간다. 하루에
한 편, 혹은 일주일에 한 편이라도 반복하여 읽고 시적 화자의 마
음을 느끼자. 전문가의 의견에 기대지 말고 스스로 해석하다 보면
시의 본질에 성큼 다가간다. 시를 읽을 때는 서사 구조, 즉 시의
줄거리를 파악하며 읽는다. 시에도 이야기와 줄거리가 있다. 표현
법이나 시의 구조, 상징은 이야기를 파악한 뒤에 익혀도 된다. 가
장 중요한 것은 스스로 시를 해석하는 것이다.

2. 표현 기교를 습득하기
시의 표현 기교는 표현 방법, 표현법, 수사법이라고 한다. 표현 기
교에 어조나 진술 방법 등을 묻는 경우도 있지만, 거의 대부분은
수사법을 묻는 문제가 출제된다.
수사법에는 은유법·대유법·언어유희 등 30여 가지의 다양한 표
현 기교가 있는데, 이 책의 부록에 수록하였다.

3. 진술 방법에 대하여
진술 방법에는 서사·묘사·과정·분류·정의·대조·유추 등이 있

고, 이들을 다른 말로 설명 방법이라고도 한다. 특히 산문의 글쓰기 기교로 많이 사용되는 진술 방법을 잘 이해하는 것은 중요한 기초 작업이 된다. 진술 방법의 특징에 대해서는 이 책의 부록 〈언어영역 만점으로 가는 핵심 정리 노트〉를 참고하자.

4. 오류 문제

오류는 사실상 논리학, 즉 수학 분야이지만 국어 시험에 심심찮게 출제된다. 오류의 명칭을 묻는 게 아니라 동일한 오류를 저지르는 문장을 고르라는 문제로 나오는데, 오류의 개념을 이해하고 있으면 유리하다.
성급한 일반화의 오류·순환 논증의 오류 등 다수의 오류를 이 책에 부록으로 수록한다.

5. 쓰기는 문제를 많이 푸는 것이 효과적이다

어휘 및 쓰기 문제는 문제를 많이 푸는 것이 효과적이다. 어휘와 쓰기 문제는 이해력 못지않게 언어적 지식과 반복 훈련이 매우 중요하다. 일주일에 문제집 한 권씩, 세 권을 풀면 확실한 효과가 있다. 어휘·어법·쓰기 문제는 문제집을 단기간에 집중적으로 푼다.

chapter 9

인생이
사흘남았다면

시간이 흘러 시험이 가까워올수록 아이들의 특성이 선명하게 드러났다. 원래 평균 4등급 정도 점수를 받던 나무늘보는 이제 평균 7등급으로 떨어졌다. 자기는 학교에 오면 평행봉에 매달려 하늘을 보는 것보다 마음 편하고 재미있는 일이 없다고 한다. 동현이는 그날 이후 정말로 학교에 나오지 않았고, 무교는 갈수록 명수를 심하게 놀렸다. 명수는 그런 무교와 다른 아이들의 놀림에도 아랑곳하지 않고 자기 할 공부만 했다. 어떤 아이는 하루 종일 잠만 잤고 어떤 애들은 점심시간이 다 돼서야 등교했다. 또 어떤 아이는 등교는 제시간에 하지만 3교시만 지나면 쥐도 새도 모르게 사라졌다. 제각각인 아이들을 모두 관리하느라 담임선생님은 흰머리가 생길 지경이라고 푸념했다.

나는 별 어려움 없이 학교에 다니고 있다. 물론 넌안돼 선생님은 여전히 나를 괴롭히지만. 거의 항상 제자리걸음인 내 국어 성적을 트집 잡아 아이들 앞에서 걸핏하면 나를 비난한다. 그러나 사실을 말하자면 문학 선생님이 나 한 사람만 괴롭히는 것은 아니다. 어떤 아이라도 그 선생님에게 잘못 걸린 날은 한 시간 이상 잔소리 들을 각오를 해야 한다. 한두 마디면 끝날 일을 가지고 10분, 20분 동안 훈계를 늘어놓는 건 흔히 있는 일이다.

게다가 걸핏하면 아이들을 툭툭 찌르거나 밀친다. 이제 고3을 때리는 선생님은 거의 없다. 이제 거의 성년임을 어느 정도는 인정하는 분위기다. 한데 넌안돼 선생님만은 툭하면 손찌검이라도 할 기세다. 실제로 때리진 않지만 때리는 시늉으로 아이들을 겁주기도 하고 손가락으로 찌르기도 한다. 손가락으로 찌르는 것도 하필이면 여학생들의 가슴을 찌르곤 해서 모두들 눈살을 찌푸린다. 남학생들이 보기에도 거슬리는데 당하는 여학생들은 오죽할까 싶다. 문학 선생님에게 잘못 걸린 여학생들은 거의 성추행을 당하는 거나 다름없다.

그뿐인가, 넌안돼 선생님의 언어폭력은 정말이지 최악이다. 아이들에게 저주를 퍼붓고 협박도 일삼는다. 선생님의 말대로라면 우리 반에서 좋은 대학에 갈 친구는 하나도 없다. 죄다 낙제생에 인생 낙오자다. 선생님은 우리를 괴롭히는 데서 즐거움을 느끼는

것 같다. 그래서 아이들 사이에 넌안돼 선생님에 대한 원한의 목소리가 높다. 심지어 '제국포'라는 말도 나온다. '쟤 때문에 물리 포기했다'는 뜻의 속어 '제물포'에서 따온 말로 우리 반에는 제물포는 없고 제국포는 꽤 있다.

넌안돼 선생님이 한바탕 악담을 퍼붓고 간 뒤라 모두 기분이 언짢은 와중에도 이번 주 월요일에는 아주 재미난 일이 있었다. 재미있다고 해야 할까, 엉뚱하다고 해야 할까. 학교에 도착해보니 일찍 온 몇몇 친구들이 책상에 머리를 박고 열심히 공부하고 있었다. 나도 조용히 자리에 가 앉으려는데, 누군가가 칠판 가운데에 삐뚤빼뚤한 글씨로 써놓은 문장 한 줄을 보았다.

'우리가 앞으로 사흘만 산다면 하고 싶은 것은?'

월요일 아침에는 자율학습에 조회, 학급회의까지 있어서 약 세 시간 동안 자습을 한다. 이날따라 담임선생님은 조회도 건너뛰었고 학급회의 시간까지 자습을 하라고 주번이 전달한다. 아이들은 입시가 다가올수록 좀처럼 다른 일에 반응하지 않았지만 이 주제만큼은 꽤 관심이 갔던 것 같다.

자율학습이 시작될 때까지 제법 시간이 흘렀으나 아무도 그 질문에 대한 답을 쓰지 않았다. 아침이다 보니 문제지를 넘기는 소리만 들렸다. 공부를 포기한 아이들도 아침에는 쥐 죽은 듯 조용하다. 모두 잠을 자기 때문이다. 어떤 아이들은 공부를 포기했다기보다 밤새 과외를 받거나 학원에서 강의를 듣느라 부족한 잠을 학교에서 보충한다. 이런 아이들에게 학교는 공부하는 곳이 아니고 숙소다. 학교에서 공부하고 집에서 자는 게 아니라, 집에서 공부하고 학교에서 잠을 자는 것이다.

최초로 칠판에 답을 적은 친구는 맨 앞줄에 앉은 은하였다. 아 참, 우린 남녀공학에 남녀 합반이다. 남녀 합반이어서 애로사항도 있지만 재미있는 일이 더 많다.

'방송국 앞에 가서 안구 웰빙한다.'

은하가 엉금엉금 기다시피 칠판 앞으로 걸어가서 아주 작은 글씨로 답을 적었다. 방송국 앞에 가서 멋진 남자 연예인들을 눈요기하겠다는 말이다. 이런 십대들의 어휘는 어른들이 못 알아듣는 경우가 많다. 심지어 십대들도 모르는 십대의 언어가 있다. 이렇게 가다가는 머잖아 어른과 십대의 언어가 완전히 달라질지도 모르겠다.

자율학습 시간까지만 해도 은하가 쓴 글만 홀로 칠판을 지켰다. 쉬는 시간 동안 화장실에 다녀오니 댓글이 붙어 있다. 누군지 모르지만 은하의 문장에 화살표를 긋고 커다란 글씨로 '단무지'라고 썼다. '단순 무식 지랄'이라는 뜻의 비속어다. 어떤 아이가 단무지라는 글자에 대고 '특공대'라고 썼다. '특별히 공부도 못하면서 대가리만 크다'는 뜻이다. 그 아래 '려치'라는 말도 있다. 려치를 영문으로 타이핑하면 F로 시작하는 욕이다. 그 옆에 쓰인 '에이스'는 '엉뚱한 소리 말라'는 뜻이다.

단순한 농담에서 시작한 칠판의 글은 점점 범위를 넓혀가고 조

금씩 진지해져갔다. 1교시가 되자 아이들이 줄지어 나가서 글을 쓰기 시작한다. '오떡순 실컷 먹고 싶다.' 이건 어묵(오뎅)·떡볶이·순대를 실컷 먹고 싶다는 말이다. 그 반대쪽에 '노래방 갈래'가 있다. '금사빠 만 번'이라는 글도 보인다.

'금방 사랑에 빠지는 것을 만 번이라니, 이별도 만 번이나 해야 겠구나.'

나는 잠시 그런 생각을 했다. 짓궂은 남학생이 적었겠지만 '콩 까고 싶다'는 말도 있다. 여자친구랑 잔다는 속어다. '내 인생 최고로 예쁘게 화장하고 싶다'거나 '놀이동산 가고 싶다', '영화 볼래' 등 지극히 평범한 소망도 있다. 그런가 하면 좀 더 진지한 바람도 있다. '여행 떠나고 싶다.' 여행을 떠나고 싶다는 말에는 꽤 많은 댓글이 달렸다. 작렬, 조낸, 캐, 완소, 안쓰 등등. '완소'는 완전 소중하다는 의미고, '안쓰'는 '안구에 쓰나미가 인다'를 줄인 말로 눈물겹다는 뜻이다. 자신들의 처지가 처지이다 보니 공감이 간다는 의미다. 제법 문학적인 표현들도 있다. '바람처럼'이라거나 '별 따러 갈래', '겨울바다' 등도 보인다.

그 밖에도 '가족과 지내겠다'는 소박한 꿈도 있고, '사랑하는 사람들에게 전화하겠다'는 바람도 있다. '열공하겠다'고 쓴 친구도 있고, '지구를 떠난다'는 말도 있다. 점점 범위를 넓혀가던 글씨가 이젠 아주 빽빽하게 칠판을 채웠다. 낙서나 그림도 보인다. 그중에 우리 현실을 가장 잘 반영한 문장 두 개가 눈에 띈다. '사흘 내내

자고 싶다.' '아무 생각 없이 그냥 쉬고 싶다.'

누가 썼는지 모르지만 고3의 심경이 가장 절절하게 드러나 있다. 인생의 마지막 사흘! 이제 잠들면 다시 깨지 않을 그 사흘 동안 가장 하고 싶은 일이 사흘 내내 자는 것이라니……! 우리의 뼈저린 현실이다.

그랬다. 나와 친구들에게서 시험 끝나고 하고 싶은 것의 교집합을 찾으라면 '푹 자고 싶다'는 말일 터다. 공부를 하는 친구건 하지 않는 친구건 모두들 잠이 부족하다. 잠이 없으니 꿈도 없다. 잠도 자고 싶고 꿈도 꾸고 싶다. 비록 우리가 사흘만 산다 해도.

〈기계는 돌아간다〉

토요일 학원 시간표
오후 1시 국어
오후 3시 수학
오후 5시 체육

저녁식사, 못합니다.

오후 7시 수학 2
오후 9시 영어
오후 11시 사회탐구
사회탐구는 새벽 3시에 마칩니다.

일요일 학원 시간표
오전 10시 논술
오후 1시 수학 2

점심식사, 합니다.

오후 3시 컴퓨터
오후 5시 플루트
오후 7시 과학탐구
오후 10시 영어

저녁식사, 못합니다.

그래도 기계는
돌아갑니다.
잘도 돕니다.

            -강영길,《책상 위의 칼자국》중에서

　시에서 말하는 대로 고3은 기계처럼 산다. 아침 6시에 눈을 떠서 밥은 먹는 둥 마는 둥하고 집을 나서서 종일 수업에 매달리다 다시 집으로 돌아오면 때는 저녁 6시. 이제 학원으로 가야 한다. 그전에 운이 좋으면 집에서 저녁을 챙겨 먹지만, 운이 나쁘면 삼각김밥으로 때운다. 학원 수업이 밤 10시까지라지만, 제시각에 끝나는 곳은 거의 없다. 강의를 마치고 집으로 돌아와도 자정을 넘겨 과외를 받는 경우도 많으니 온종일 진을 빼며 공부한다. 그야말로 기계 같은 삶을 사는 것이다.

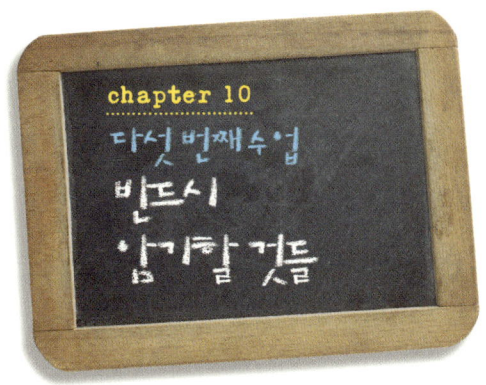

  하지만 나는 학급이 어떻게 돌아가고 친구들이 어떻게 사느냐보다 어떻게 하면 두 달 안에 국어 점수를 최상위권으로 끌어올리느냐가 가장 큰 관심사다. 나는 최 선생님이 가르쳐준 이론을 암기하고 숙제를 하면서 바쁘게 시간을 보냈다. 다른 과목은 자신 있으므로 국어에 특히 많은 시간을 할애했다. 문제를 많이 풀었다는 뜻은 아니다.

  고3 막판에 숙제를 하는 양은 친구들마다 천차만별이다. 누구는 아예 공부를 포기했고, 어떤 친구는 황소처럼 우직하고 변함없는 모습으로 공부한다. 다른 친구들이 산사태가 나기 직전까지 국어 문제집을 쌓아놓고 누가 이기나 샅바 잡이를 하는 동안 나는 전혀 다른 숙제에 집중했다.

고사성어와 속담

최 선생님이 내준 아주 간단한 숙제가 있는데 고사성어를 외우는 것이다. 실제로 요즘 대학입시 국어 공부에서 거의 유일하게 암기해야 하는 내용이 고사성어다. 고사성어는 오랜 지혜가 담긴 어휘지만 지금 나에겐 그 속에 담긴 지혜를 통해 인생을 배우기보다는 당장 문장에 적용해서 점수를 따는 게 더 중요하다. 모든 고사성어를 다 외울 수도 없고 그럴 필요도 없었다. 최 선생님이 뽑아준 고사성어 200개 정도를 완전히 소화할 때까지 외워서 어떤 문장에서건 적용할 수 있도록 훈련하는 것이 내게 주어진 숙제다.

국어 과목에서 암기해야 할 것으로 고사성어뿐 아니라 속담도 있다. 속담은 저학년 때부터 일찌감치 공부하고 외우면 비유와 상징을 익히고 어휘를 늘리며 문맥적 의미를 쉽게 파악하는 효과가 탁월하다고 한다. 그러나 나는 입학시험을 코앞에 둔 탓에 속담을 외울 시간이 부족하므로 숙제에서 제외했다. 고사성어는 의미를 모르면 문제를 풀 수 없으나 속담은 문맥의 흐름을 보면 어느 정도 해석이 가능하다는 점도 숙제에서 제외해준 이유 중 하나다.

얼핏 한가해 보이지만 생각보다 괜찮은 숙제가 고전문학 읽기다. 산문은 눈에 익힐 정도로 읽고, 운문은 해석해가며 읽으면서 시험 문제에 어떤 지문이 나와도 자신 있도록 적용하는 훈련이다. 고전문학에 달린 문제는 문제 자체가 어렵기보다는 문장을 해석하거나 어휘를 이해하는 데 시간이 많이 걸리므로 고전문학이 낯선 나에겐 이 훈련이 아주 유익하다.

내가 외국에서 생활했다는 점을 감안한 특별한 숙제가 하나 더 있다. 비교적 수준 있는 문장을 주고 독해하는 숙제인데, 사실 외국에서 산 아이들뿐 아니라 평소에 독서량이 부족하여 독해 능력이 떨어진다면 이 숙제가 도움이 될 것이다.

최 선생님은 "국어 실력은 곧 독해 능력이다"라고 입버릇처럼 말하곤 한다. 맞는 말이다. 한국 사람이 한국어 듣기와 말하기를 못할 리 없으니 듣기와 말하기 시험은 큰 비중을 차지할 수 없다. 게다가 입학시험에 작문은 없으므로 국어 시험은 결국 독해 능력을 측정하는 것이라고 봐도 무방하다.

실제론 중학교 과정에서 혹은 더 이른 시기에 독서와 독해 훈련을 병행하면 매우 유익할 텐데, 어떤 교육기관에서건 어떤 선생님이건 그런 공부법을 적극적으로 지도하지 않는 것이 현실이다. 나도 진작 이런 방식으로 훈련했으면 지금쯤 국어 문제 풀이가 훨씬 쉬웠을 거라는 생각이 든다. 독해 문제를 푸는 과정은 은근히 재미있거니와 문제로 준 문장들이 이른바 명언이나 격언, 전 세계의 속담 등에서 따온 것이라 글의 내용도 흥미롭다. 러시아 속담 '고난을 함께 겪어보지 않은 친구는 아직 까보지 않은 호두알과 같다'는 문장을 해석해보자. 친구는 고난을 함께 겪어야 비로소 진정한 친구인지 아닌지 알 수 있다는 뜻으로 해석할 수 있다. 이런 문장 정도는 독해 능력이 평범한 사람도 쉽게 알 수 있다. 하지만 중학생 중 상당수는 무슨 말인지 풀이하지 못하고 고등학생 중에도 적잖은 학생이 틀리게 해석한다. 문장의 난이도를 높일수록 그 정도는 더 심해진다.

이번 수업에서 최 선생님은 '내가 가난한 소년 시절 눅눅한 지하실에서 살 때 나에겐 장난감도 친구도 그 무엇도 없었다. 다만 내 곁엔 알라딘의 램프가 있었다'는 로웰의 문장을 내밀었다.

"이 문장에서 '알라딘의 램프'가 무엇을 뜻하는 것일까?"

선생님의 질문에 나는 한동안 고민해야 했다. 선생님은 '비록 불우한 어린 시절을 보냈어도 나는 꿈을 잃지 않았다'는 뜻이라고 알려주면서 많은 학생들이 '알라딘의 램프'를 '꿈'이라고 해석하지 않는다고 지적했다. 시험에서 이보다 훨씬 어려운 문장이 종종 나오면 학생들은 지레 겁을 먹고 손을 대지 못한다는 것이다. 그러면서 선생님은 이런 명문장을 읽으면 어떤 상황에서도 꿈을 잃지 않아야 한다는 교훈도 얻을 수 있기 때문에 독해는 물론 마음을 다스리는 법까지 익히게 된다고 강조했다.

디오게네스의 '악덕은 재물 때문에, 미덕은 가난 때문에 보이지 않는다'는 격언처럼 오늘날 우리가 사는 사회에서 일어나는 문제들, 쉽사리 끝나지 않을 논란인 '유전무죄 무전유죄'라는 반사회적 논리에 대해서도 생각해볼 수 있다. 인간사회에서 반역사적인 일을 하고도 버젓이 사회 지도자로 행세하는 사람, 그 스스로 법을 어기고도 법을 집행하는 사람, 인륜을 그르치고도 태연하게 가면을 쓰고 사는 사람 등 치명적인 악덕을 저지르고도 재물이 많거나 사회적 지위가 있다는 이유로 자신의 악덕을 미덕인 양 내세우는 사람들이 지금의 현실에도 얼마든지 있다. 반대로 미덕을 행하고도 가난 때문에 악을 행한 자처럼 오인되는 사례도 얼마든지 있다.

실례로 교실에서 학생이 떠들거나 문제를 일으켰을 때 흔히 볼 수 있는 선생님들의 반응을 생각해보자. 모범생이 문제를 일으키면, '사람이 살다 보면 그럴 때도 있다'는 식으로 옹호한다. 하지만 평소 학교생활에 불성실한 학생이 똑같은 문제를 저지르면, 저놈은 원래 그런다고 단죄를 한다. 악덕과 미덕을 왜곡하는 기준이 어른의 세계에서는 재물이고, 학교에서는 성적이라는 게 다를 뿐이다.

넌안돼 선생님은 이런 차별의 대명사다. 특히 동현이가 모범생일 때 동현이는 확실한 차별 대상이었다. 한번은 넌안돼 선생님이 수업 중에 표현 기교 중 억양법이 무엇인지 물었다.

"억양법이 뭐냐?"

아무도 대답하지 않았다. 억양법이라니, 듣도 보도 못한 표현법이었다. 설령 안다손 치더라도 넌안돼 선생님의 수업에 협조할 친구가 많지도 않았겠지만, 나는 이 말을 난생 처음 들었다.

"아무도 몰라? 병신새끼들. 그러니 너희가 안 되는 거야. 특히 너!"

'특히 너!'라고 했을 때 너는 당연히 나다. 나는 기가 막혀서 창밖으로 눈을 돌렸다.

"어디, 동현이가 좀 대답해봐라. 억양법이 뭐냐?"

"네, 처음과 끝의 어조가 다른 거죠."

"예를 들면?"

"뭐, 저 친구는 공부는 잘하는데 성격은 괴팍해. 이런 표현을 말하는 걸로 알고 있는데요."

"맞았어. 역시 동현이는 똑똑해. 동현이 너라면 알 줄 알았어. 나머지 너희는 뭐냐? 너희는 하나같이 쓰레기야. 그리고 특히 너! 넌 안 돼. 알겠어?"

선생님은 내 책상 앞으로 다가와서 손가락으로 머리를 쿡쿡 찔렀다. 나는 아무런 대꾸도 하지 않았다.

"국어도 못하는 새끼가 대답도 안 하네. 이걸 그냥, 콱!"

선생님은 한 대 때리는 시늉만 하고선 교단 앞으로 돌아갔다. 만일 그때 정말로 나를 건드렸다면 내가 어떻게 행동했을지 나도 모를 일이다.

선생님은 빈정대며 말했다.

"공부 못하는 놈들은 대학 갈 생각을 아예 하지도 마. 너희 인생은 끝났어, 알아? 너희는 그래 가지고는 틀렸다고."

하지만 때로 기대하지 않았던 아이가 정답을 말할 때도 있다. 전에 나무늘보가 어쩌다 답을 맞혔다. 그러자 넌안돼 선생님은 이렇게 말했다.

"하이구, 별일이야. 저런 놈도 답을 아네. 알고 맞힌 게 아니지? 그냥 어쩌다 보니 맞았겠지. 별일이네. 하긴 그거 안다고 인생이 달라지고 대학 간판이 달라지겠냐? 근본적으로 공부를 잘해야 하는 거지, 어쩌다 한 번 정답을 맞힌다고 해서 레벨이 달라지는 게 아니야. 알아?"

매번 이런 식이다. 나는 이런 형편없는 선생님과 졸업한 이후로도 연락을 주고받을 생각은 없지만 언젠가는 꼭 무언가를 갚아주겠다고 결심했다. 복수랄 것까진 없으나 그래도 우리의 가슴에 박은 못들을 선생님의 가슴에 되돌려줘야겠다고 생각했다.

아무튼 문장 독해 숙제는 상당히 흥미롭다. 진즉 이렇게 공부했더라면 얼마나 좋았을까? 독해도 하면서 마음의 양식도 쌓을 수 있으니 말이다. 물론 독해는 독서를 통해 능력을 향상시키는 게 가장 이상적이다. 독서가 국어 공부의 왕도다. 하지만 좀 더 치밀하게 독해 능력을 늘리는 방법은 독서를 하면서 발췌문 독해 훈련을 하는 게 가장 좋다. 독서를 하기에 시간이 없는 나에겐 발췌된 문장들을 해석하는 방법이 매우 효율적이다.

한자와 다양한 사전지식

최 선생님은 그 외에도 한자를 익히거나 다양한 자료를 조사하는 것도 아주 좋은 국어 공부 방법이지만 시간 관계상 숙제를 더 내진 않는다고 했다. 한자를 익히면 국어 어휘를 이해하고, 나아가 어휘를 조합하는 데 용이하다. '아버지'라는 우리말 단어는 다른 말과 묶어 합성어를 만들기 어렵지만 아버지를 뜻하는 한자인 '부

(父)'는 부모·부자·부형 등 여러 조합이 가능하다. 따라서 한자를 얼마나 익히느냐가 어휘량에 결정적인 영향을 준다.

한자를 외우고 익히는 전통적인 방법은 음과 훈을 외우는 것이다. 이른바 천자문을 외우는 방식으로, 이런 훈련은 학교에서도 한문 시간에 얼마든지 한다. 하지만 한자를 쉽게 외우면서 유용하게 활용하기 위해서는 단어를 통째로 외우는 것이 좋다. 특히 문장 전체를 바꿔 쓰는 훈련을 하면 한자가 썩 잘 외워진다.

앞에 정리한 문장으로 예를 들어보자.

(가) 그 외에도 한자를 익히거나 다양한 자료를 조사하는 것도 아주 좋은 국어 공부 방법이지만 시간 관계상 숙제를 더 내진 않는다고 했다.

문장 (가)를 한자로 바꿔 쓰면 (가-1)과 같이 된다.

(가-1) 그 外에도 漢字를 익히거나 多樣한 資料를 調査하는 것도 아주 좋은 國語 工夫 方法이지만 時間 關係上 宿題를 더 내진 않는다고 했다.

이와 같이 (가) 문장을 (가-1)로 바꾸면 된다. 문장 안에 들어 있는 모든 한자를 바꿔서 다섯 번만 쓰면 저절로 한자가 외워진다.

특히 문맥에 맞는 한자를 찾으려면 국어사전을 뒤져야 하므로 어휘 공부까지 저절로 된다. 예를 들어 '조사'에는 자주 쓰이는 말로 '助辭', '弔辭' 등이 있다. 이럴 때 어느 한자가 문맥에 맞는지를 알기 위해서는 반드시 국어사전을 뒤져야 한다. 따라서 한자 쓰기는 국어 공부, 특히 한자 어휘 공부에 탁월한 효과가 있다.

또 세계 전반에 관한 지식의 자료들을 읽고 조사하다 보면 배경지식이 쌓인다. 배경지식이 많아지면 동시에 인문학적 소양도 쌓인다. 예를 들어 산업혁명·프랑스혁명·사실주의·고전주의·보이지 않는 손·양자역학·인상주의·해방 신학 등등의 과학·사회·역사·경제·예술·체육 등 자료 전반을 비록 수박 겉핥기로나마 읽을 수 있다면 지적 성장에 상당히 유익하다. 어차피 고등학교 수업은 교양을 쌓는 과정이므로 깊이 있고 전문적인 지식을 연마하기보다는 다양한 자료를 두루 섭렵하는 것에 의의가 있다. 인문학적 소양이 깊고 넓으면 당연히 국어 실력이 향상된다는 게 최 선생님의 지론인데, 거기에는 아마 누구나 동의할 것이다.

나는 과외를 시작하기 전에 항상 예습을 철저히 했다. 한 반에 수십 명 이상 들어가는 학원에서도 개개인의 성실성이 가장 중요하다. 강사들이 학생 한 명, 한 명의 상황을 일일이 점검할 수 없으므로 스스로 공부하지 않으면 사실상 수업 내용을 따라갈 수가 없다.

최 선생님은 수업에 참가하는 학생이 여덟 명이 넘으면 각각의 학생과 눈을 맞출 수 없다고 했다. 따라서 전체 인원이 여덟 명이

넘어가는 반은 사실상 선생님과 학생과의 일대일 관계를 포기해야한다는 것이다. 그런 경우에 학원은 단지 장사를 하는 것일 뿐 학생들 개인의 성적에는 관심이 없다고 했는데 그 말은 꽤 설득력이있다. 그처럼 여럿이서 동시에 수업을 듣는 환경에서는 자기 관리가 100퍼센트 철저해야만 제대로 된 학습 효과를 거둘 수 있는데, 과연 자기 관리를 100퍼센트 완벽하게 하는 학생이 몇이나 될까?

최 선생님의 강의를 온전히 알아들으려면 예습도 철저히 해야하고, 강의가 끝나면 다시 한 번 설명을 곱씹어봐야 한다. 그래도이해를 못한 문제는 다음 시간에 질문을 해서 완전히 이해해야 한시간의 강의가 완전히 내 것이 된다. 사실 이런 과정은 많은 선생님들이 요구하는 것이다. 하지만 대부분 추상적으로 예습·복습을강조하거나 강제적인 방법을 동원하는 반면 최 선생님은 자연스럽게 이끌어낸다. 뭐랄까, 마법 같은 게 있어서 내가 스스로 그렇게하지 않으면 안 되게끔 유도하는 것이다.

어디선가 들은 말이 생각난다. '아마추어와 프로의 차이는 백지한 장 차이다. 그러나 그 백지 한 장은 매우 두껍다.' 아마추어와프로의 차이도 물론 크지만 전문가일수록 수준 차이는 엄청나다고한다. 특히 고도의 전문성을 요구하는 민감한 분야일수록 전문가의 미세한 능력 차이는 극복할 수 없을 정도로 크게 벌어진다는 것이다. 최 선생님은 이 분야의 다른 선생님들보다 미세한 능력의 차이, 그러나 엄청난 실력의 차이를 가진 것 같다.

나는 지난 시간에 최 선생님이 반드시 읽어보라며 출력해준 것을 자율학습 시간에 공부했다. 결코 쉬운 개념은 아니지만 난이도가 높은 문제를 해결하기 위해서는 꼭 알아두면 좋을 튼튼한 기초들이었다. 여러 가지 내용이 있었는데 특히 표현법·오류·진술 방법을 눈여겨보았다.

넌안돼 선생님이 물어본 억양법부터 이해하고 난 다음 오류와 진술 방법을 공부했다. 돈강법처럼 지금은 전혀 쓰이지 않는 표현법도 있었지만 언어유희처럼 어디서나 쉽게 찾아볼 수 있는 표현법도 있었다.

최 선생님은 자주 그러진 않지만 비교적 수준이 낮은 언어유희를 구사한다. 비록 유치하기는 해도 선생님의 언어유희는 은근히 미소를 짓게 하는 힘이 있다.

"빨간 길에 떨어진 동전 이름이 뭘까?"

"글쎄요, 빨간 동전……?"

"틀렸어. 답은 홍길동전이야."

음, 정말이지 유치하기 짝이 없다. 항상 심각하고 진지한 선생님이 유치한 농담을 던지니 더 재미있기도 하다. 〈돌의 미학〉이라는 수필에 '차(茶)는 차인데 왜 뜨거울까?'라는 문장이 있다. 이와 같은 언어유희에서부터 오류에 이르기까지, 최 선생님에게서 받은 자료는 시중에서 찾아보기 힘든 알찬 정보들로 가득 차 있었다(부록 〈언어영역 만점으로 가는 핵심 정리 노트〉 참고).

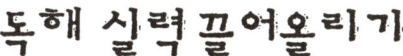

독해 실력 끌어올리기

독해 실력이 곧 국어 실력이다. 학문도 말하기·듣기·쓰기·읽기 중 읽기 즉 독해로 이루어진다. 독해를 잘하기 위해서는 독서가 가장 이상적이라는 사실도 앞에서 밝혔다. 독서 외에 기술적으로 독해를 늘릴 수 있는데 그 기초 작업이 어휘이므로 어휘를 많이 외우거나 익혀야 한다. 또한 어휘를 잘 활용하여 짧은 구문들을 해석하는 능력을 키우면 독해 능력이 급상승한다.

1. 고사성어

대학입시 국어 시험에서 거의 유일하게 암기해야 하는 내용이 고사성어다. 어휘의 난이도를 떠나 고사성어는 한 문제 이상 출제된다. 고사성어를 알면 문맥 이해와 독해에 도움도 되거니와 당장 문장에 적용해서 점수를 딸 수도 있다. 모든 고사성어를 다 외울 필요는 없다. 주로 사용되는 고사성어 200개 정도를 외워서 문맥 속에서 활용하는 능력을 키우자.

2. 속담

국어 과목에서 암기해야 할 것으로 고사성어뿐 아니라 속담도 있다. 속담은 저학년 때부터 일찌감치 공부하고 외우면 어휘를 늘리며 문맥적 의미를 쉽게 파악하는 효과가 탁월하다. 특히 주옥같은 비유와 상징을 담고 있는 문장이 많으므로 속담을 외우면 시를 해석하는 능력도 커진다. 속담은 문맥의 흐름을 보면 어느 정도 해석이 가능하다는 점에서 독해 훈련에 상당히 유용하다.

3. 고전문학 읽기

고전문학 중 산문은 눈에 익힐 정도로 읽고, 운문은 해석해가며 읽는다. 낯선 지문을 익숙한 지문으로 만들기 위해 반복적으로 읽으면 반드시 효과를 본다. 시험 문제에 어떤 지문이 나와도 자신 있게 적응하도록 하는 훈련이다. 고전문학 문제는 문제 자체가 어렵기보다는 문장을 해석하거나 어휘를 이해하는 데 시간이 많이 걸리므로 꾸준한 훈련이 필요하다.

4. 한자 외우기

우리말에서 대부분의 개념어는 한자어다. 따라서 한자를 익히면 국어 어휘를 이해하고, 나아가 어휘를 조합하는 데 용이하다. '아버지'라는 우리말 단어는 다른 말과 묶어 합성어를 만들기 어렵지만 아버지를 뜻하는 한자인 '부(父)'는 부모·부자·부형 등 여러 조합이 가능하다. 따라서 한자를 얼마나 익히느냐가 어휘량에 결정적인 영향을 준다. 한자 쓰기는 국어 공부, 특히 한자 어휘 공부에 탁월한 효과가 있다.

한자를 쉽게 외우면서 유용하게 활용하기 위해서는 단어를 통째로 외우는 것이 좋다.

> "그 外에도 漢字를 익히거나 多樣한 資料를 調査하는 것도 아주 좋은 國語 工夫 方法이다."

이와 같이 한자어를 바꿔 쓰는 훈련을 하면 어렵지 않게 익힐 수 있다.

5. 사전지식 쌓기

배경지식이 많아지면 동시에 인문학적 소양도 쌓인다. 예를 들어 산업혁명·프랑스혁명·사

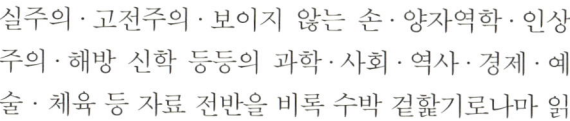

실주의·고전주의·보이지 않는 손·양자역학·인상
주의·해방 신학 등등의 과학·사회·역사·경제·예
술·체육 등 자료 전반을 비록 수박 겉핥기로나마 읽
으면 지적 성장에는 상당히 유익하다. 인문학적 소양이 깊고 넓으
면 그만큼 국어 실력도 향상된다.

특히 백과사전적 지식은 비문학 지문 공부에 도움이 많이 된다.
후일 면접고사나 논술고사에도 긍정적인 영향을 미칠 수 있다.

6. 독해 실습

대학입시 국어 과목은 결국 독해 능력을 측정하는 것이라고 봐도
무방하다. 중학교 과정이나 더 이른 시기부터 독서와 독해 훈련을
병행하면 매우 유익하다. 짧은 문장을 가지고 독해 훈련을 하면
여러 모로 유익하다. 명언이나 격언, 전 세계의 속담 등에서 따온
문장들을 해석해보자.

> 고난을 함께 겪어보지 않은 친구는 아직 까보지 않은 호두알
> 과 같다.　　　　　　　　　　　　　　　　— 러시아 속담

> 내가 가난한 소년 시절 눅눅한 지하실에서 살 때 나에겐 장난
> 감도 친구도 그 무엇도 없었다. 다만 내 곁엔 알라딘의 램프
> 가 있었다.　　　　　　　　　　　　　　　　　— 로웰

> 악덕은 재물 때문에, 미덕은 가난 때문에 보이지 않는다.

이런 문장들을 해석하다 보면 독해도 하면서 마음의 양식도 쌓을
수 있으니 일석이조가 된다. 독서가 국어 공부의 왕도이지만 좀
더 조직적으로 독해를 늘리기 위해서는 독서를 하면서 발췌문 독
해 훈련을 병행하는 게 가장 좋다.

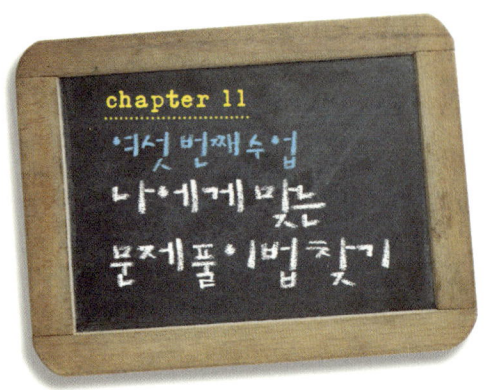

chapter 11
여섯 번째 수업
나에게 맞는
문제풀이법 찾기

토요일 새벽 두 시, 아니 토요일 밤이니까 일요일 새벽 두 시. 최 선생님은 마치 바늘 시계의 초침처럼 정확하게 도착했다. 오늘도 선생님은 나와 눈을 마주치지 않은 채 내 방으로 들어섰다. 내 방은 왼쪽에 책장, 오른쪽에 침대가 있고 맞은편 창문 앞에 책상이 놓여 있다. 나는 창문을 등지고 앉고 선생님은 창문을 마주보고 앉는다.

선생님은 예의 그 차분한 목소리로 강의를 시작했다. 먼저 숙제를 확인하고 질의응답 시간을 가졌다. 그다음 틀린 문제들을 점검한 뒤 지난 시간에 이어 강의를 계속했다. 늘 그렇듯이 선생님의 시선은 나를 보는 대신 종종 창문 쪽에 가닿았다. 창밖은 어둠뿐이

라 유리창은 거울처럼 선생님을 비추었다. 이럴 때는 선생님이 내가 아닌 유리창을 상대로 강의하는 것 같다는 생각이 든다. 그게 아니라면 선생님은 거울 속의 자신을 보면서 강의를 하는 건지도 모르겠다.

문득 유리창을 돌아보는 순간 은하가 떠올랐다. 은하의 얼굴이 어둠 속에서 빙그레 웃는 것 같았다. 평소 공부 시간에 엉뚱한 상상을 거의 하지 않는 편인데 불쑥 은하가 생각나니 나도 모르게 입가에 미소가 걸렸다. 학교에서 은하가 했던 말이 생각났다.

"지문을 먼저 볼 것이냐, 문제를 먼저 볼 것이냐? 이것이 문제로다. 이것이 문제야."

확실히 은하는 귀여운 구석이 있는 아이다. 생각난 김에 내가 은하를 대신해서 선생님께 질문했다. 답을 들으면 학교에 가서 은하에게 가르쳐줘야겠다고 생각했다.

"선생님, 이게 항상 궁금했는데요. 문제를 풀 때 지문을 먼저 봐야 해요, 아니면 문제를 먼저 보고 지문을 읽어야 해요?"

선생님은 들고 있던 책을 내려놓고 고개를 끄덕였다.

"그런 질문을 꽤 많이 받았어. 어떤 선생님은 문제를 먼저 보고 그런 다음 지문을 읽으라고 가르치고, 또 어떤 선생님은 지문을 먼저 보고 나서 문제를 풀라고 말하지. 사람들이 자신의 경험을 마치 모두의 경험인 것처럼 확신하고 주장하는 건 문제라고 본다.

가령 어떤 사람이 쓴 글이건 부족한 점은 있을 수 있어. 특히 표현상의 문제를 찬찬히 따지면 잘못된 표현을 다양하게 발견할 수 있지. 나는 글을 읽을 때마다 특별히 거슬리는 표현이 하나 있는데 '다름 아니다'라는 표현이야. 이 표현은 전통적인 국어 표현도 아니거니와 문법에도 맞지 않는 말인데, 외국물 좀 먹었다는 사람들이 서양의 문장에서 이런 표현을 보니 그럴 듯하게 여겨졌던 모양이야. 낯선 표현이 지적으로 느껴졌는지도 모르지. 그래서 언론에서나 책에서 그 표현이 곧잘 발견돼. 그것은 뭐랄까, 지적 허영심이나 문화적 열등감의 발로가 아닐까 싶다만. 작가들의 그런 표현을 발견하는 순간 나는 그 글을 비판적으로 읽기 시작하거나 그 작가의 언어 수준을 의심하고 말아. 설마 작가가 그 표현을 썼다고 해서 작가로서의 능력이 부족하겠냐만. 국어 선생인 내 눈에는 무척 거슬리는 게 사실이야."

최 선생님은 이야기를 할 때 이처럼 멀리 돌아가는 경우가 가끔 있다. 서론이 길다고 해야 할까? 하지만 긴 서론은 마지막 결론을 잘 이해시키는 밑거름이 되곤 하기에 나도 인내심을 갖고 듣는다.

"작가들만 그런 게 아니라 배울 만큼 배웠다는 식자들 중에 혈액형으로 성격을 판가름하는 사람들을 매우 자주 보게 돼. 그들은 혈액형을 분석한 글을 마치 신앙처럼 믿어. 가령 A형은 어떻고, B형은 어떻고 하고 말하는 사람들 말이야. 생각해봐라, 인간의 유형이 4등분될 수 있겠니? 그렇다면 이 세상엔 오직 네 가지 유형의 사람만 존재한다는 말이잖아. 나는 대화를 하다가 혈액형으로 성격을

따지는 사람을 만나면 그만 생각이 꽉 막혀버려. 그 사람은 아마도 거의 모든 분야에서 규정짓기를 좋아할 거라는 생각이 드는 거지. 다양한 사고와 가치를 존중하는 게 아니라 그토록 편협한 시각으로 인간을 판단하는 사람이니, 지적 수준이 높으면 얼마나 높을까 의심하게 되는 거야. 물론 혈액형을 강조하는 사람들이 다 그렇지는 않겠지만 나는 그런 사람을 만나면 먼저 눈앞이 깜깜해지는 걸 어쩌겠냐."

"혈액형으로 보는 성격 유형 분석도 어느 정도는 신빙성이 있지 않나요? 그거 믿는 사람이 은근히 많던데……."

"그러게. 무엇이건 신봉하는 순간 그것은 종교가 되지. 그걸 비판하면 종교 분쟁처럼 일이 커지니까 사실 여부를 따져볼 기회조차 없긴 하다. 그게 옳지 않다는 걸 설득하는 게 더 어렵겠지. 특히 근거 없는 주장에 대해 틀렸다는 것을 증명하기란 정말 어려워. 근거 있는 주장은 근거가 잘못되었다는 걸 보여주면 되지만 혈액형처럼 밑도 끝도 없는 주장은 들이밀 근거조차 없기 때문에 반박하기가 보통 힘든 게 아니다."

"네, 그렇군요. 근데 그것과 제 질문은 무슨 상관이 있죠?"

"아, 옆으로 좀 샜구나. 이 세상에 절대적인 방법이나 가치는 없다는 걸 말하고 싶었는데. 지금까지 내가 강의한 내용과 앞으로 말할 내용들에도 예외는 있게 마련이야. 다만 그 예외가 최소화된 것들만 이야기할 따름이지. 그런 면에서 그 국어 선생님들도 각기 자기 경험에서 우러나온 것이 모든 학생들에게 적용되는 듯 말하지만 사실은 문제를 먼저 보는 것도, 지문을 먼저 보는 것도 어느 쪽이 정답이라고 보긴 어려워. 내가 가르친 우수한 학생들만 봐도 늘 문제를 먼저 보는 학생이 있는가 하면 지문을 먼저 보는 학생도 있었거든. 개인의 특성에 따라 다르다는 뜻이 되겠지?

이렇게 해보자. 무작위로 선택한 여섯 개 정도의 모의고사를 푸는 거야. 처음 세 번의 모의고사는 문제를 먼저 읽고, 나머지 세 번은 지문을 먼저 보고 풀어보는 거다. 채점 결과, 평균이 높은 쪽이 자기에게 유리한 방법이라고 보면 객관적이겠다. 난이도 문제는 크게 문제가 되지 않아. 여섯 개쯤 되는 모의고사 문제지에는 난이도가 골고루 뒤섞여 있을 테니 말이야."

나는 내일이라도 당장 시험해봐야겠다는 생각을 했다.

"그럼 특정한 유형의 지문은 문제부터 읽어야 유리하다는 원칙은 없어요?"

"귀신같이 내가 할 말을 앞질러가는구나."

선생님이 씩 웃었다. 칭찬을 받으니 나도 기분이 좋아졌다.

"실제로 그런 지문이 있단다. 가령 지문이 '가·나·다·라·마'의 다섯 단락으로 쪼개진 문제 말이야. 이 지문만큼은 문제를 먼저 읽어야 해. 이런 지문에는 반드시 각 단락의 내용을 묻는 문제가 나오게 마련이지. 만일 그 문제의 번호가 20번이라면 지문을 먼저 읽기 전에 20번 문제를 먼저 읽는 게 좋아. 20번 문제에 있는 문항을 해결하다 보면 자연스레 그 지문 전체를 읽게 되거든. 그러다 보면 지문 읽을 시간을 절약할 수 있지.

군이 개인적인 성향을 따지자면 나는 문제를 먼저 보진 않아. 지문을 충실히 이해해야 문제가 풀리더라는 거지. 학창시절에 내 국어 점수는 어땠을 것 같니? 조금 겸손하게 말하면 아주 괜찮은 편이었고, 좀 건방지게 말하면 최고 수준이었지. 한데 난 늘 지문을 먼저 충실히 읽었단다."

"네에, 그러시겠죠. 크크."

나는 장난 삼아 비웃었다. 선생님도 따라 웃었다. 은하에게 이 이야기를 들려줘야겠다고 생각하니 갑자기 방 안 공기가 신선해진 것 같았다.

여러 유형의 해결 방안 2

"자, 일반적인 주의사항 하나를 더 살펴보자. 정답은 문면에 있는 내용을 기반으로 찾을 것! 문제를 푸는 너는 '이렇게' 생각할지라도 문면에서 '저렇게' 생각을 할 경우에는 문면에 나온 생각이 답이 돼. 나의 상상과 기대감은 문제를 푸는 데 전혀 관계가 없어. 내가 이미 알고 있는 소설이 출제됐다고 해서 그 소설 전체 내용을 염두에 두고 문제를 풀면 안 돼. 출제자들은 문제를 푸는 학생들이 그 소설을 이미 읽고 왔으리라는 전제를 하지 않거든. 이 내용을 처음 접하는 수험생들이 충분히 풀 수 있는 문제를 내지. 따라서 출제된 부분만 잘 이해하면 그만이야. <mark>사전지식이나 배경지식이 있더라도 문면에 있는 내용에만 집중하는 게 중요해.</mark>

단순한 문제인데 많은 학생들이 혼돈하는 개념 중 하나가 일반적 진술과 구체적 진술이야. 일반적 진술은 중심 내용 혹은 요약적 내용이고, 구체적 진술이란 그 중심 내용을 상세화한 설명이다. 일반적 진술은 주제문이라고 봐도 좋아. 둘을 뒤집어서 생각하면 안 돼.

그런데 내용이 한눈에 안 들어올 때가 있지? 몸이 피곤하거나 집중이 잘 안 되는 경우 말이야. 그럴 때는 각 단락의 주제를 시험지에 간단히 적거나 주제문에 줄을 치며 읽으면 도움이 돼. 주제를 일일이 적기에는 시간이 부족하니까 <mark>각 단락에서 중심 문장이라고 생각되는 한 문장에만 줄을 쳐보도록 해. 나중에 다시 지문을 읽을 때 빠르게 되읽을 수 있는 시각적 효과가 있어.</mark> 이것은 기억을 돕고 또 시각적 효과를 노리는 거니까 줄을 너무 많이 치면 곤란하겠지? 당연한 말이지만 시험 당일 모든 것이 이뤄지진 않아. 따라서 평소에 꾸준히 훈련하는 게 중요해.

그래도 눈에 안 들어오면 어떻게 해야 할까? 가령 나는 과학 지문을 무척 싫어하는데 시험에 과학 지문이 나온데다 머리는 텅 빈 것 같을 때 말이지. 그럴 때는 지문을 멀리서 보면 좋아. 지문이 안 읽힐수록 시험지 안으로 들어갈 것처럼 가까이 파고드는 학생들이 있는데 <mark>시험지와 가까울수록 시야가 좁아지고 문자를 읽는 폭</mark>

==과 사고의 폭이 좁아지거든. 같은 말이지만 시험지와 일정한 거리를 유지하면 시야도 넓어지고 이해의 폭도 넓어져.== 그러니까 머리가 지끈거릴수록 멀리서 지문을 봐야 해."

어떤 내용이든 이론을 배우는 것은 어렵고 지루하다. 특히 나에게는 수학이나 영어보다 국어 이론이 더 어렵다. 하지만 하기 싫은 것일수록 훈련을 받아야 한다는 말이 있다. 내가 좋아하는 것은 이미 개발할 필요가 없다. 어떻게든 스스로 잘하게 되어 있으니까. 하지만 내가 하기 싫은 것은 애써 단련하지 않으면 결코 잘할 수 없다.

"자, 지루한 시간이 되겠지만 피와 살이 된다고 생각하고 이제는 구체적인 문제들을 살펴보자."

"네, 지루해요."

내가 큰 소리로 대답했다.

내 목소리에 선생님이 잠시 말을 멈췄다. 내가 씩 웃자 선생님도 웃었다.

"자, 호응 관계를 찾으라는 문제의 경우 문맥상 서로 연결되는 어휘를 찾아야 해. 가령 윤동주의 〈서시〉 중에서 '한 점 부끄럼'과 호응되는 것을 찾으라고 하면 '잎 새에 이는 바람'이 답이 돼. 이유는 잎 새에 이는 바람 때문에 시의 화자가 부끄럼을 느꼈기 때문이지. 결국 서로 긍정적인 관계로 연결되는 문맥이나 어휘, 즉 서로 내용상 자연스럽게 연결되는 것이 호응하는 관계야.

학교 국어 문제에서도 용어를 잘못 쓴 경우를 종종 볼 수 있어. 가령 '단어와 문장을 찾으라'는 문제와 '단어나 문장을 찾으라'는 문제는 답이 전혀 다를 수밖에 없어. 그런데 학교 국어에서 이처럼 중요한 접속사를 구분하지 않거나 용어를 구분하지 않아서 문제가 되는 경우도 있어.

하지만 대학입시에서는 그런 일이 없다고 봐야겠지. 미세한 용어 차이를 중요하게 생각한다는 뜻이야. 따라서 용어 간의 미세한 차이를 잘 이해해야 해. 그중 하나가 '대응'과 '대비'의 차이야. 대응이 서로 호응하는 긍정적인 관계라면, 대비는 서로 대립하는 반대의 관계라고 생각하면 좋아.

요즘 들어서 압도적으로 출제 빈도가 높은 유형은 '보기'를 활용하는 문제야. 문제의 거의 절반에 해당할 만큼 많은 '보기'가 나와서 학생들이 괴로워하지. 이 문제는 두 가지 관점에서 살필 수 있어. 첫째는 '보기' 내용과 상관없이 문항과 지문만 보고 알아채는 방법이야. '보기' 문제의 80퍼센트는 그렇다고 보면 돼. 즉, 본문의 내용만 봐도 답을 찾을 수 있다는 말이지. '보기'를 이해하려고 지나치게 노력하지 말라는 뜻이기도 해.

또 하나의 관점은 '보기'의 주제를 정확히 파악하라는 거야. 주제는 핵심적인 한 줄의 어구에 들어 있어. 핵심어를 찾는 훈련이 필요하겠지. 이게 나머지 20퍼센트에 해당하는 경우인데, '보기'에서 말하고자 하는 바와 지문 사이의 공통점 혹은 차이점을 발견할 수 있으면 문제는 해결돼. 첫 시간에 말했듯이 선제는 '보기' 문제를 많이 틀리는 편이니까 '보기'가 제시된 문제를 집중적으로 푸는 훈련이 필요한 거야.

국어 시험에서 가장 난이도 높은 문제가 뭘까? 물론 전체적으로 보면 시(詩) 지문이야. 시는 문학의 정수이고 문장의 꽃이라서 시 문제를 풀면 나머지는 사실상 식은 죽 먹기, 아니 숨은 그림 찾기랄까? 시의 상징성만 넘어선다면 나머지는 사실적인 사고의 수준에서 해결이 가능하다는 말이야.

그러나 단일 문제로서 가장 어려운 건 아마도 사전적 어의(語義)를 묻는 문제일 거야. 이 문제만큼은 단어의 개념을 정확히 모르면 맞힐 재간이 없지. 따라서 난이도가 높아. 하지만 네가 사전적 의미를 모르겠다면 문맥적 의미를 찾으면 돼. 문맥에 맞는 의미를 찾으면 정답에 상당히 근접할 수 있어. 물론 예외적으로 그것이 정답이 아닌 경우도 있을 수는 있겠지.

요즘은 자주 출제되지 않지만 그래도 언제든 다시 나올 수 있는 문제가 수형도(樹型圖) 문제야. 수형도는 말 그대로 '나뭇가지 그림'이라는 뜻인데, 단락의 구조를 나타내는 그림이야. 수형도 문제가 나오거든 단락에서 병렬관계의 단락을 찾으면 답이 나올 거야. 그림이 흘러가는 방향은 직렬이고, 흘러가는 방향에서 옆으로 가지치기를 하면 병렬이야. 수형도는 가로나 세로 등 여러 형태로 그려지는데 덧셈 부호(+)로 그려지는 경우도 있다는 점에 유의하자.

아래 그림 〈갑〉에서 (나)와 (다)가 병렬관계이고, 〈을〉에서는 ㉠+㉡의 관계와 ㉢+㉣+㉤의 관계가 병렬이겠지.

```
                    ┌──── (나) ────┐
〈갑〉        (가) ─   │              ├─ (라) ─ (마)
                    └──── (다) ────┘


〈을〉              ㉠ + ㉡
                      ↓
                  ㉢ + ㉣ + ㉤
                      ↓
                      ㉥
```

병렬관계는 이렇게 찾으면 돼. '또는', '또한', '또' 등의 첨가접속사의 문장으로 연결되어 있다면 병렬관계야. '첫째, 둘째, 셋째…….' 등으로 연결된 문장도 병렬관계지. 설령 이들 접속사가 없더라도 '첫째, 둘째, 셋째' 등을 붙일 수 있는 단락이 연결되어 있다면 역시 병렬관계이고. 그러므로 이들 접속사나 단락의 관계를 보면서 병렬로 나열된 수형도만 잡으면 답은 나와.

앞에서도 말했듯이 어휘 간의 관계를 파악하는 문제는 문맥상의 관계가 가장 중요해. 여기 망원경과 현미경이 있다고 치자. 현미경과 망원경은 원래 속성이 같은 물건이야. 현미경도 망원경도 어떤 물체를 확대해서 본다는 특징이 있으므로 이 둘은 비슷한 뜻을 나타낼 수 있지.

한데 이렇게 쓰이면 어떨까?

현미경은 작은 것을 관찰하는 데, 망원경은 커다란 물체의 움직임을 관찰하는 데 쓰인다.

이 문장에서 현미경과 망원경은 당연히 반대 의미가 되겠지. 어떤 어휘의 관계든 문맥 속의 관계를 중시해야 한다는 점을 기억해."

쪼개지 말고 통합적으로 공부한다

휴대전화가 진동하면서 화면에 봉투 표시가 그려졌다. 과외 중에는 전화기를 꺼놓는 편인데 오늘따라 전화기를 깜빡하고 신경 쓰지 않았다.

"죄송해요."

내가 얼른 전화기를 끄려고 팔을 뻗자 선생님이 손사래를 친다.

"아니다. 이런 늦은 시간에 문자를 보낸 걸 보면 다급한 내용인가 보다. 확인해보지 그러니?"

그렇긴 하다. 새벽 세 시에 문자 메시지라니. 휴대전화를 들여다봤다. 명수다.

'혹시 비문학 공부하는 법 좀 가르쳐줄래?'

명수가 나에게 공부에 대해 묻다니. 해가 서쪽에서 뜰 일이다.

'지금 과외 중이니까 내가 한번 물어볼게.'

이렇게 답 메시지를 보내고 전화를 끈 후 선생님께 질문을 했다.

"선생님, 늘 궁금하던 건데요. 시나 소설, 비문학 문제의 특징 같은 게 있어요? 학원에선 시, 소설, 고전문학, 비문학 등 각각 따로 가르치잖아요? 지문의 종류에 따라 문제가 다르기도 하고, 공부 방법도 달라야 하는 건가요?"

마치 오랫동안 고민해온 것처럼 능청스럽게 묻는 내 모습에 스스로 반했다. '이 정도면 연기자를 해도 되겠는걸.' 이런 망상까지 하면서.

최 선생님은 내 말에 귀 기울이면서 책상 위에 놓인 컵을 들어 목을 축였다. 내 질문을 듣고도 여전히 어둠에 싸인 창밖을 물끄러미 쳐다보고 있던 최 선생님은 잠시 있다가 지금까지와는 조금 다른 목소리로 대답을 했다. 선생님은 사회성이 있는 민감한 문제를 이야기할 땐 짐짓 목소리가 달라진다. 뭐랄까, 문제 풀이에 대해 설명할 때보다 훨씬 강해진다고 해야 할까, 아니면 힘이 넘친다고 해야 할까?

"고전문학 지문에 문제가 현대시로 나오면 그건 현대시 문제일까, 고전문학 문제일까? 또 지문은 소설인데 시조들이 문항으로 출제되면 그것은 소설 문제일까, 시조 문제일까? 비문학 지문도 마찬가지겠지? 비문학 지문인데 시가 문항으로 출제되면 그건 사실 비문학 문제랄 수 없고, 현대시 문제에 비문학 지문이 문항으로 주어져도 그건 반드시 문학 문제라고 볼 수가 없겠지? 국어 문제는 그렇게 분야별로 공부한다고 해서 좋은 성적을 보장할 순 없어. 분야라고 하는 것도 사실상 존재할 수 없고 말이야.

학원 입장에서야 그렇게 분야별로 쪼개면 상당히 이익이 되지 않을까 싶은데. 각 분야별로 한 달씩만 강의를 해도 적어도……. 어디 보자. 시, 소설, 수필이나 희곡 등 나머지 장르, 고전 산문, 고전 운문, 비문학, 쓰기 이렇게만 나눠도 일곱 단계로군. 그러면 일곱 달 수강을 해야 하고 나중에는 면접과 논술도 해야 할 테니 1년 내내 학원이 망할 일은 없겠다. 그치?"

선생님은 나의 동의를 구하며 빙그레 미소 지었는데 그 미소에는 다분히 학원들에 대한 경멸이랄까 비난의 뜻이 들어 있었다. 국어라는 커다란 과목을 쪼개 상품 몇 개로 포장한 다음 학생들에게 파는 격이라는 것이다. 그런데 결국은 하나의 조각으로 맞춰야 온전한 지식이 되므로 실제로 그렇게 포장을 뜯어서 팔아봐야 쓸모없다는 말이다.

"그래도 부속 하나하나를 따로 사면 가볍게 들고 다닐 수도 있고, 특히 특정 분야만 부족한 학생은 원하는 분야만 강의를 들으면 되는 장점도 있지 않나요?"

선생님은 나를 보고 다시 웃었다. 이번 웃음은 따뜻했다.

"그래, 제법 예리하구나. 국어 점수가 금방 오르겠는걸. 국어 능력은 겉으로 보이는 것을 판단하기보다 안 보이는 이면을 읽는 능력을 뜻하거든. 그동안의 국어 시험 결과에 대해 생각해봐라. 이번

시험은 시가 많이 틀리고 지난 시험은 고전이 많이 틀리고 그전 시험은 비문학이 많이 틀렸을걸? 그랬을 거야."

강의할 때도 그랬지만 선생님은 내가 할 질문과 대답까지 훤히 꿰뚫고 있었다. 이것은 정말이다. 어떻게 저렇게 귀신같이 알고 있을까 싶다.

"그러면 너는 고전이 약한 거니 시가 약한 거니, 아니면 비문학이 약한 거니? 다른 아이들은 어떨까? 유독 너만 그런 걸까? 아니야. 모든 아이들이 비슷해. 지문의 종류에 문제가 있다기보다 아이들의 능력에 문제가 있는 거야. 특정 장르에 대한 문제가 아니라 국어 능력 전반의 문제라는 거지. 따라서 공부할 방향 전체를 보고 운전대를 잡아야 해. 그렇게 분야별로 쪼개다 보면 무언가 하는 것 같겠지만 결과적으론 별 소득이 없다고 보면 돼. 그래서 독서의 중요성을 강조하는 것이기도 하지. 두루 독서를 하면 전반적인 국어 능력이 향상되니까."

선생님의 말에는 여전히 힘이 있다.

"그러나 장르에 따라 이런 특징들은 있어. 우선 모든 종류의 지문에서 기본적으로 어휘의 쓰임 문제와 본문의 내용을 파악하라는 문제가 공존하지. 또 주제 혹은 중심 내용을 파악하는 문제도 매우 중요해. 그런 전제하에 좀 더 세분하자. 시 문제를 접하면 우선 상징과 비유가 무엇인가를 보고 거기에 드러나는 원관념과 보조관념을 잘 이해해야 해. 또 시의 운율, 앞뒤의 고리가 되는 흐름의 어휘나 사건을 연결하는 매개체 등은 매우 중요해. 시적 화자와 시 속 다른 대상의 관계 문제도 유념해야 하고.

소설이나 희곡 등 이야기의 줄거리가 있는 문학을 서사문학이라고 하는데 서사문학은 줄거리를 우선 파악한 뒤 사건의 전환에 영향을 주는 요소를 잘 봐둬야 해. 그다음에는 인과관계가 되는 사건을 파악하고 인물 간의 관계를 파악해야 하지. 고전문학이건 현대문학이건 마찬가지야. 문자가 고전으로 쓰였느냐 현대어로 쓰였느냐의 차이만 존재할 뿐이지. 비문학은 단락의 주제와 근거, 그리고 독특한 도표나 자료 등을 잘 관찰해두면 그 범위에서 문제가 나올 거야."

"소설 같은 장르는 어떻게 줄거리를 파악하는 게 좋을까요?"

"소설의 3요소를 인물·사건·배경이라고 하잖아? 소설을 읽을 때 배경을 유심히 관찰하는 것도 아주 중요하지. 배경은 상징적이고 주제를 내포하거나 암시하는 경우가 많단다. 하지만 글을 읽을 때 할 일이 있어. 인물이나 사건이 변화되는 곳에 늘 표시를 하라는 거야. 동그라미를 치거나 밑줄을 치거나. 인물과 사건이 바뀌는 것만 파악해도 줄거리가 잡히고, 줄거리가 잡히면 소설의 구조와 주제도 드러나지.

이 정도를 파악하고 보면 어떤 질문도 그 범위를 벗어날 수 없어. 다시 말하지만 소설을 읽을 때는 인물과 사건의 변화에 표시를 하는 게 도움이 된다."

비문학 지문 독해하는 법

나는 다시 비문학 지문의 독해 방법을 구체적으로 질문했다. 최 선생님은 간단명료하게 설명해주었다.

"비문학 지문의 독해 비법이 딱히 있는 것은 아냐. 각 지문마다 글의 형태나 내용이 다르기 때문이지. 그럼에도 불구하고 비문학 지문을 읽는 요령은 있어.

우선 각 단락의 중심 문장을 찾아서 그 문장에 밑줄을 긋자. 잘 써진 글이라면 각 단락의 첫 문장이나 마지막 문장이 중심 내용이기 쉬워. 이것을 기억하면 중요한 참고가 될 거야. 그런 다음 각 단락의 핵심 논거에 표시를 해. 논거는 중심 문장을 뒷받침하거든. 그렇게 밑줄을 긋고 표시를 하는 것이 기억력에 도움이 돼. 또 문제가 주로 전체 흐름이나 내용의 진위를 묻는 것이므로 중심 내용과 논거만 제대로 파악해도 대부분의 문제를 풀 수 있어.

한데 너무 많이 표시하거나 밑줄을 그으면 오히려 시각적으로 역효과가 나. 비문학 독해를 빈틈없이 하느라고 온통 문장을 난도질하면서 가르치는 선생님들은 오히려 학생들에게 시각적인 혼란만 가중시키는 셈이야. 문제를 풀면서 그렇게까지 일일이 분석하며 읽을 수는 없거든. 시간에 쫓기기 때문이지. 따라서 단락의 중심 문장에만 선을 긋고 논거를 파악하면서 읽으면 효과적으로 문제를 풀 수 있을 거야."

문제 풀이 기술 1

문제를 푸는 요령이나 기술이 중요한 것은 아니다. 무엇보다 지문을 파악하는 능력이 있으면 굳이 기술을 습득할 필요는 없다. 하지만 무엇이든 알아둬서 손해될 것은 없는 법.

1. 지문 먼저, 문제 먼저?

문제를 먼저 보느냐, 지문을 먼저 읽느냐는 문제를 푸는 개인의 성향에 따라 다르다. 다만 자신에게 효과적인 방법을 시험해볼 수는 있다. 무작위로 선택한 여섯 번 정도의 모의고사를 풀되, 처음 세 번의 모의고사는 문제를 먼저 읽고, 나머지 세 번은 지문을 먼저 보고 풀어보자. 채점을 하여 평균이 높은 쪽이 자기에게 유리한 방법이라고 보면 된다.

2. 하지만 예외가 있다

지문이 '가·나·다·라·마'의 다섯 단락으로 나뉜 문제에 주목하자. 이 지문만큼은 문제를 먼저 읽어야 한다. 이런 지문에는 반드시 각 단락의 내용을 묻는 문제가 나온다. 문제에 있는 문항을 해결하다 보면 자연스레 그 지문 전체를 읽게 되므로 지문 읽을 시간을 절약할 수 있다.

3. 배경지식은 필요 없다

정답은 문면에 있는 내용을 기반으로 찾아야 한다. 문제를 푸는 사람의 생각이나 기대감은 중요하지 않다. 또한 이미 알고 있는 소설이 지문으로 출제됐다고 해서 그 소설 전체 내용을 염두에 두

고 문제를 풀면 안 된다. 출제자들은 문제를 푸는 학생들이 그 소설을 이미 읽었으리라고 전제하지 않는다. 따라서 사전지식이나 배경지식이 있더라도 문면에 있는 내용, 출제된 부분에만 집중하는 게 중요하다.

4. 내용이 눈에 들어오지 않을 때

자신이 싫어하는 종류의 글이거나 몸이 피곤하여 집중이 잘 안 될 경우 내용이 눈에 잘 들어오지 않으면 각 단락의 주제문에 줄을 치며 읽으면 도움이 된다. 각 단락의 핵심 문장에만 줄을 쳐야 나중에 다시 지문을 빠르게 되읽을 수 있는 시각적 효과가 있다. 이때 줄을 너무 많이 치면 효과가 반감된다.

그래도 눈에 안 들어오면 지문을 멀리서 본다. 시험지와 가까울수록 시야가 좁아지고 문자를 읽는 폭과 사고의 폭이 좁아진다. 시험지와 일정한 거리를 유지하면 시야도 넓어지고 이해의 폭도 넓어진다.

5. '보기'를 활용하는 문제에 접근하는 두 가지 관점

첫째, '보기' 내용과 상관없이 문항과 지문만 보고 답을 찾는다. '보기' 문제의 80퍼센트는 그렇게 풀 수 있다. 즉, 본문의 내용만 봐도 답을 찾을 수 있다는 말이므로 '보기'를 이해하려고 지나치게 노력하지 않아도 된다.

둘째, '보기'를 꼭 봐야 하는 경우 '보기'의 주제를 정확히 파악해야 한다. 주제는 핵심적인 한 줄의 어구에 들어 있으므로 핵심어를 찾는 훈련이 필요하다. 이게 나머지 20퍼센트에 해당하는 경우다. '보기'에서 말하고자 하는 바와 지문의 공통점 혹은 차이점을 발견할 수 있으면 문제는 해결된다.

6. 사전적인 어의를 묻는 문제

단어의 개념을 정확히 모르면 정답을 맞추기 어려우므로 난이도가 높은 문제 유형이다. 하지만 사전적 의미를 모를 경우 문맥적 의미를 찾자. 문맥에 맞는 의미를 찾으면 정답에 상당히 근접할 수 있다.

7. 수형도 문제

'나뭇가지 그림'이라는 뜻의 수형도 문제는 단락의 구조를 나타내는 그림이다. 수형도 문제는 병렬관계의 단락을 찾으면 답이 나온다. 그림이 흘러가는 방향은 직렬이고, 흘러가는 방향에서 옆으로 가지치기를 하면 병렬이다.
'또는', '또한', '또' 등의 첨가접속사의 문장은 병렬관계다. '첫째, 둘째, 셋째……' 등으로 연결된 문장도 병렬관계. 이들 접속사가 없더라도 '첫째, 둘째, 셋째' 등을 붙일 수 있는 단락이 연결되어 있다면 역시 병렬관계다. 접속사나 단락의 관계를 보면서 병렬로 나열된 수형도를 선택하면 된다.

8. 어휘 간의 관계를 파악하는 문제

어휘 간의 관계를 파악하는 문제는 문맥상의 관계가 가장 중요하다. 확대해서 본다는 점에서 같은 속성을 가진 현미경과 망원경에 관한 문장을 보자. '현미경은 작은 것을 관찰하는 데 쓰이고 망원경은 커다란 물체의 움직임을 관찰하는 데 쓰인다.' 이 문장에서 현미경과 망원경의 쓰임은 당연히 반대의 의미가 된다. 따라서 어떤 어휘의 관계이건 문맥 속의 관계를 중시해야 한다.

장르별 학습의 특징

고전 지문에 문제가 현대시로 나오면 그건 현대시 문제일까, 고전 문학 문제일까? 또 소설 지문에 시조가 문항으로 출제되면 그것은 소설 문제일까, 시조 문제일까?

국어 문제는 각 장르별로 나눠서 공부하는 게 아니라 통합적 공부를 해야 한다. 그러나 알아두면 좋을 각 장르별 공부법의 핵심을 짚어보기로 한다.

1. 각 장르의 공통점

모든 종류의 지문에서 기본적으로 어휘의 쓰임 문제와 본문의 내용을 파악하라는 문제가 공존한다. 또 주제 혹은 중심 내용을 파악하는 것도 문제해결의 기본이다.

2. 시의 이해

첫째, 시는 먼저 시의 이야기, 곧 중심 내용을 이해한다. 둘째, 상징과 비유가 무엇인가를 보고 거기에 드러나는 원관념과 보조관념을 이해한다. 셋째, 시의 운율, 앞뒤의 고리가 되는 흐름의 어휘나 사건을 연결하는 매개체 등을 파악한다. 끝으로 시적 화자와 시 속의 다른 대상의 관계 문제에 유념한다.

3. 서사문학의 이해

첫째, 소설이나 희곡 등 이야기의 줄거리가 있는 서사문학은 줄거리를 우선 파악한 뒤 사건의 전환에 영향을 주는 요소를 파악한다. 둘째, 인과관계가 되는 사건을 파악하고 인물 간의 관계를 파

악한다. 셋째, 등장하는 인물에 표시를 하며 읽는다. 고전문학이
건 현대문학이건 마찬가지다. 문자가 고전으로 쓰였느냐 현대어
로 쓰였느냐의 차이일 뿐이다.

4. 비문학의 이해

먼저 각 단락의 중심 문장을 찾아서 그 문장에 밑줄을 긋는다. 둘
째, 각 단락의 핵심 논거에 표시한다. 문제가 주로 전체 흐름이나
내용의 진위를 묻는 것이므로 중심 내용과 논거만 제대로 파악해
도 대부분의 문제를 풀 수 있다. 특히 독특한 도표나 자료 등을 잘
관찰한다. 너무 많이 표시하거나 밑줄을 그으면 오히려 시각적으
로 역효과가 나므로 주의한다.

chapter 12

문제풀이 접근법

나는 10분 정도 쉬자고 제안했다. 오늘은 중요한 강의 내용이 많아서 호흡을 조절할 필요가 있었다.

과외 선생님들은 대부분 시간을 아주 철저하게 쓴다. 우리 집은 그런 분위기가 아니지만, 만일 5분 혹은 10분을 먼저 끝내거나 중간에 쉬면 많은 부모들이 곧바로 항의를 한다. 전날 과외 선생님이 10분 더 강의한 적이 있다 하더라도 부모들은 그런 사실을 감안하지 않는다. 하긴 합리적인 판단을 요구할 거라면 이렇게 거금을 주고 과외를 받지 않을 테니까. 그들에겐 늘 현재만 존재한다. 아무리 전날 과외 시간을 초과해서 공부한 적이 있어도 이번에 10분을 일찍 마치면 그 모자란 시간만 문제 삼는다.

그래서 약삭빠른 과외 선생님들은 공부 시간이 좀 넘칠 것 같으면 남은 강의를 일부러 다음으로 미룬다. 또 학생이 숙제를 덜 해 와서 공부할 시간이 남더라도 빨리 끝내는 법이 거의 없다. 다른 공부를 강제로 시키거나 잡담을 해서라도 시간을 채운다. 일단 과외를 하러 온 이상 약속한 시간 동안 자리를 지키려는 것이다. 시간을 초과하는 경우도 없지만 남기는 일도 없다.

하지만 최 선생님은 억지로 시간을 맞추려는 사람이 아니었고 그럴 시간적 여유도 없었다.

"저, 선생님. 처음에 이름을 안 가르쳐주신다고 하셨잖아요. 괜찮으시다면 선생님의 성함과 연락처를 남겨주시면 좋겠어요. 나중에라도 선생님께 듣고 싶은 말이 있을 것 같아서요."

이름과 전화번호, 전자우편, 주소를 적어주는 선생님의 얼굴이 참 선해 보였다. 나는 선생님의 이름을 보고 그만 쿡 웃고 말았다. 최고철……?

"웃기지? 내 아버지께서 이름을 이렇게 지으셨다. 고철이 되라고 그러셨는지."

크하하, 선생님의 한마디에 나는 그만 참았던 웃음을 기어이 터뜨리고 말았다. 선생님은 다시 한 번 예의 그 선한 미소를 지었다.

"혹시 선생님의 성함 때문에 안 가르쳐주신 것 아니세요?"

내가 농담을 하자 선생님도 이번에는 큰 소리로 웃었다. 그동안 선생님과 나 사이에 가로막혀 있던 벽돌 몇 개가 허물어진 기분이었다.

나는 말을 꺼낸 김에 한 가지를 더 물어보고 싶었다. 비록 지금까지 네 차례 강의를 하는 동안 이 질문을 천 번쯤 하고 싶었다면 과장일까. 그만큼 나는 선생님께 꼭 듣고 싶은 말이 있었다.

내가 이런 생각을 하고 있는데 최 선생님, 아니 최고철 선생님은 내가 무슨 말을 하려는지 아는 것 같은 얼굴을 하고 나를 쳐다보았다. 마치 이런 대화를 하려고 10분을 쉬는 것 같다.

"선생님, 정말 죄송한데요. 꼭 여쭤보고 싶은 게 있는데……. 혹시 기분 나쁘실지 몰라요."

"그래? 괜찮다. 말해보렴. 내가 답하기 곤란한 내용이면 대답하지 않으마."

"네, 그러셔도 돼요. 실은 저희 이모가 선생님은 굉장히 저렴한 수강료로 가르치신다고 했는데 그동안 무슨 일이 있으셨기에 그렇게 비싸졌는지 궁금하다고 하셔서요. 이모뿐 아니라 저도 좀 궁금해서요."

선생님의 입초리가 잠시 싸늘하게 굳어졌다. 5초쯤 침묵이 흘렀는데 그 짧은 순간이 꽤 길게 느껴졌다.

"그래, 내가 정민이를 가르쳤으니 궁금하게 여길 거라고 생각했다. 사연이 좀 길다만 간략하게 이야기하마."

선생님은 어렵게 말을 꺼냈고 나는 조용히 귀를 기울였다.

선생님의 이야기를 다 듣고 나서 나는 딱히 뭐라고 말하기 어려운 미묘한 감정에 사로잡혔다. 어쩌면 최 선생님의 고민은 다른 어떤 것보다도 답을 내리기 힘든 문제가 아닐까 생각했다. 그런 질문과 답을 하기에 나는 아직 어렸다. 최 선생님의 입장과 심경을 헤아리는 선에서 나는 질문을 끝냈다.

"너도 부잣집에서 태어났으니까 나누면서 살아라."

나는 선생님의 그 말을 듣고서 처음으로 내가 부자구나 하고 실감했다. 물론 나의 부모님이 부자이지만 뭐랄까, 이것은 꽤 획기적인 깨달음이었다. 내 친구들도 그렇고 나 역시 스스로를 부자라고 인정하기보다 우리보다 더 잘사는 사람보다는 가난하다고 여겨왔다. 늘 더 잘사는 친구들을 부러워하고, 못 가진 것을 아쉬워하며 살았는데 선생님의 그 말을 듣는 순간 내가 유복한 환경에서 살고 있음을 인정해야 한다는 생각이 들었다. 그렇다고 해서 내가 잘사는 게 부끄럽다거나 미안하다는 얘기는 아니다.

어쨌거나 선생님의 이야기는 내 심금을 울렸다. 내가 그동안 인식하지 못하고 살아온 것들을 지적해준 이야기였다. 하지만 나는 이 이야기가 입시 공부에 보탬이 되지 않으므로 일단 잊어버리기로 했다. 기회가 되면 나중에 선생님의 이야기를 다시 꺼낼지 모르겠다.

선생님은 이야기를 끝내고 나자 또다시 자기부상열차의 속도로 강의를 이어갔다.

여러 유형의 해결 방안 2

"이처럼 · 이런 · 이 등의 접속사 다음 문장은 앞 내용을 요약하는

거야. 그러므로 접속사 앞에 올 내용을 묻는 문제에서는 접속사에 이어진 문장을 잘 이해하고, 보기에서 이 문장과 동일한 내용을 찾아야 해. 예를 들어 '이러한 남북한의 복잡한 외교 문제는'이라고 시작하는 문장이라면 바로 앞에서 '남북한의 복잡한 외교 문제'를 다뤘겠지.

내용을 끼워 넣는 문제는 항상 단락의 뒤에 들어간다. 어떤 글이 들어갈 자리를 찾으라는 문제를 만나면 들어갈 글과 같은 내용의 단락을 찾아야겠지?

내용이 통하는 단락이 (다)라고 해보자. 그러면 그 글은 (다)의 뒤에 들어가게 된다. (다)의 앞에 갈지 뒤에 갈지 고민하지 말라는 거지. 왜냐하면 삽입될 글은 백발백중 논거에 해당하는 글일 테니까. 주장은 이미 본문에 있을 테고. 따라서 주장 뒤에 논거가 들어가면 아주 잘된 글이 되는 법이거든. 따라서 (다)의 뒤에 들어가겠지.

자, 이번에는 아주 빈번하게 출제되는 손님이군. 문맥적 의미를 묻는 문제는 거의 해마다 나와. 문맥적 의미가 같은 것을 찾으라고 하면 그 어휘와 바꿔 쓸 수 있는 말을 찾으라는 뜻이야. 따라서 각 문항을 대입해보면 돼. 대입했을 때 뜻이 가장 자연스럽게 연결되면 그게 답이야.

이 문제는 요즘 잘 출제되지 않는다만 알아두면 유용하다. 개요를 짜두고 순서를 맞추라는 문제인데, 요즘은 쓰기 문제로 변형돼서 많이 나오는 추세지. 개요는 큰 틀에서 현상·원인·결과·영향의 순서로 짜면 무난해. 그리고 개요의 서론·결론·주제·제목을 찾으라고 하면 본론 내용을 요약한 내용이 답이야. 또 본론의 각 항목도 더 세부적인 항목을 일반화하면, 즉 요약하면 답이 돼.

이번엔 출제 빈도가 높은 문제구나. 몇 가지 조건에 맞는 문장을 만들라는 문제 말이지. 일반적으로는 '보기'에 세 가지 조건을 주는 경우가 많아. 이런 경우 찾기 쉬운 조건부터 검토해서 부합되지 않는 문항을 지워. 일반적으론 한 번 검토할 때 세 개 문항 정도는 사라지므로 문제를 빨리 풀 수 있어.

가령 비유를 사용하면서 인간의 특성을 닮은 완곡한 표현을 찾으라고 하면 세 가지 조건(비유, 인간을 닮음, 완곡한 표현)에 맞아야겠지. 이럴 때 흔히 발견할 수 있는 쉬운 내용부터 찾아야 해. 가장 먼저 비유가 있는지 찾고, 그다음에 인간의 특성을 찾아. 이처럼 두 가지를 찾으면 일반적으로 답은 나와. 두 항목을 찾았음에도 답이 보이지 않으면 세 번째 항목도 찾아야겠지만 대개는 두 항목을 찾으면 정답을 맞힐 수 있어.

자, 이제 학생들이 가장 어려워하거나 답답해하는 문제야. 서술상의 특징을 묻는 문제지. 서술상의 특징을 물을 때는 모든 문항이 항상 두 개의 내용으로 이뤄져 있으므로 두 항목에 다 맞는지를 확인해야 해.

가령 예시를 통해 논지를 보강한다는 문항이면 예시가 있는지 살핀 다음 논지를 보강하는지 확인해야 해. 일일이 내용을 다 확인

해야 하는 번거로움이 있으므로 자연스럽게 시간이 많이 투자돼. 각 문항의 내용을 짚어가면서 지문도 일일이 다 읽어야 하니까. 하지만 이 문제야말로 심는 대로 거둬. 네가 시간을 투자하면 반드시 답을 찾을 수 있다는 말이야. 농부가 김맬 때 호미로 모든 땅을 다 뒤적이는 것과 같이 이 문제도 일일이 내용을 뒤져야 해. 국어 문제의 상당수가 숨은 그림 찾기라고 했는데 바로 이 문제가 숨은 그림 찾기의 결정판쯤 돼.

자, 이제 거의 끝났다. 문학을 하는 사람들은 어디가 좀 꼬인 사람인지 몰라. 작가들은 대부분 자기가 내린 결말의 반대편 효과를 노리지. 가령 벼가 쓰러진다는 내용의 시를 읽은 독자는 '아, 벼가 쓰러졌구나'라고 생각하기보다 쓰러져서 안타깝다는 생각을 해. 따라서 작가는 이런 독자의 심리를 역으로 이용하려 들지. 쓰러지면 안 된다는 의식을 갖도록 독자들을 유도하는 거야.

작가들이 말하는 패배는 패배가 아니고 승리도 승리가 아니라는 역설이 늘 존재한다고 생각해 봐. 그러면 문학작품을 좀 더 잘 분석할 가능성이 높아져. 아마도 어딘가 꼬이지 않았으면 그들은 애초에 작가가 되지도 않았을 거야. 그러나 그렇게 꼬인 사람들이 인류의 역사를 이끌어오기도 했으니 어쩌면 꼬인 것이 안 꼬인 것보다 훌륭할지 모르겠다.

마지막으로, 지문은 읽지 않은 채 문항만 보고 답을 찾을 수 있다는 생각도 한번 해보자. 실제로 그런 문제가 종종 출제돼. 가령 두 문학이 어휘는 다르게 사용했지만 내용은 같은 경우를 가끔 보게 돼. 답은 늘 하나이므로 이런 경우는 당연히 둘 다 답이 아니야. 반대로 다섯 문항 중 두 문항이 서로 반대인 경우가 있어. 이 문제는 당연히 둘 중 하나가 답이 될 거야. 어차피 답은 하나니까 말이야."

최 선생님은 할 일을 다 마쳤다는 얼굴로 나를 지긋이 쳐다봤다. 지금까지 정리한 강의 내용을 끝내기까지 선생님은 굉장히 많은 문제와 문학작품을 예로 들었다. 조금은 어눌해 보이는 선생님의 표정을 보면 그 머릿속에 어떻게 그렇게 많은 예문들이 들어 있는지 궁금할 정도다.

"자, 지금까지 6주 공부했는데 유익했으면 좋겠다. 이제 다음 주부터는 오늘까지 배운 내용들을 구체적으로 적용하고 지난번 너의 문제집에서 발견된 문제점들을 풀어 나갈 거야. 그러니까 내가 내준 숙제들 잘 해와."

선생님은 나에게 기출문제와 고전 해석 문제, 독해 문제 고사성어 외우기 등을 숙제로 내주었다. 어느새 시간이 다 됐다. 사실상 밤을 새는 수업인데도 시간 가는 줄 몰랐다.

"선생님, 감사합니다. 밤길 조심히 가세요."

나는 처음으로 선생님께 마음에서 우러나오는 인사를 했다. 선생님은 자기 몸무게쯤 될 법한 무거운 가방을 들고 새벽바람을 맞으며 어둠 속으로 걸어갔다.

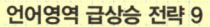

문제 풀이 기술 2

지문을 파악하는 능력이 어떤 요령보다 우
선히지만 각 문제 유형에 따리 어떤 풀이법이 있는지 체크헤보자.

1. 단락의 위치를 묻는 문제

내용을 끼워 넣는 문제는 항상 단락의 뒤에 들어간다. 좋은 글일
수록 단락 머리에 중심 내용이 있다. 문제에 나오는 내용은 논거
가 대부분이므로 단락의 뒤에 들어간다.

2. 문맥의 의미를 묻는 문제

문맥적 의미를 묻는 문제는 매우 자주 출제된다. 문맥적 의미가
같은 것을 찾으라고 하면 그 어휘와 바꿔 쓸 수 있는 말을 찾으라
는 뜻이다. 따라서 각 문항으로 대입했을 때 뜻이 가장 자연스럽
게 연결되면 답이다.

3. 조건에 맞는 문장을 찾는 문제

몇 가지 조건에 맞는 문장을 만들라는 경우, 찾기 쉬운 조건부터
검토한다. 조건에 부합하지 않는 문항을 지우면 일반적으로 세 개
문항 정도는 제외되므로 문제를 빨리 풀 수 있다.
가령 비유를 사용하면서 인간의 특성을 닮은 완곡한 표현을 찾으
라고 하면 세 가지 조건(비유, 인간을 닮음, 완곡한 표현)에 맞아야
한다. 가장 먼저 비유가 있는지를 찾는다. 이럴 때 보통 둘 이상의
문항은 제외된다. 그다음 또 한 가지의 조건에 맞는 문항을 찾아
보면 그 두 가지 조건만으로도 답이 보인다.

4. 서술상 특징을 묻는 문제

서술상 특징을 물을 때는 모든 문항이 항상 두 개의 내용으로 이뤄져 있으므로 두 항목에 다 맞는지를 확인해야 한다. 이 문제는 시간이 걸리지만, 시간을 투자하는 만큼 반드시 어디선가 답을 찾을 수 있다. 국어 문제의 상당수가 숨은 그림 찾기라면, 이 유형의 문제야말로 숨은 그림 찾기의 결정판쯤 된다.

5. 작가들의 의도를 파악하는 문제

작가들은 대부분 자기가 내린 결말의 반대편 효과를 노린다. 가령 벼가 쓰러진다는 내용의 시를 읽은 독자는 '아, 벼가 쓰러졌구나'라고 생각하기보다 쓰러져서 안타깝다는 생각을 한다. 따라서 작가는 이런 독자의 심리를 역으로 이용하려 든다. 쓰러지면 안 된다는 의식을 갖도록 독자들을 유도하는 것이다. 작가들이 말하는 패배는 패배가 아니고 승리도 승리가 아니라는 역설이 늘 존재한다는 사실을 기억하자.

chapter 13
은하의 혁명

지난 2주 동안 학교에서 은하 때문에 웃을 일이 두 번 있었다. 공부하느라 쌓인 스트레스를 한 방씩 날려준 청량제 같은 사건이었다.

은하는 공부를 대단히 잘하는 건 아니지만 재치 있고 용기 있는 친구다. 지난번 칠판 사건 때만 해도 가장 먼저 나서서 '방송국 앞에서 안구 웰빙한다'고 글을 썼을 만큼 적극적인 성격이다.

지난주 일어난 사건은 배꼽을 쥐게 만들었고, 이번 주에 일어난 사건은 우리반 아이들은 기절초풍하게 만들었다. 특히 이번 주 사건으로 모두들 속이 다 후련해졌다.

첫 번째 사건은 우리 학교에서 가장 인기 있는 사회 선생님의 수업 때였다. 사회 선생님은 총각이다. 은하가 수업에 늦었다. 선생님이 들어온 뒤 10분쯤 지났을까, 선생님이 칠판에 필기를 하고 있는 중에 은하가 죄인처럼 머리를 푹 숙인 채 교실로 들어왔다.

"너, 수업 시작한 지가 언젠데 어딜 갔다 이제 오니?"

선생님이 뜻밖이라는 말투로 은하에게 물었다.

"죄송해요, 선생님……. 흑흑."

은하는 두 손으로 얼굴을 가리며 난데없이 울음을 터뜨렸다. 어깨를 들썩이며 자리로 들어가 앉는 은하를 선생님은 놀란 얼굴로 물끄러미 바라보다가 되돌아서서 판서를 했다.

"은하, 얼굴에 피 아냐?"

누군가가 은하의 옆얼굴에 붉은 얼룩을 발견하고선 교실이 다 들리게 큰소리로 말했다. 서럽게 흐느끼는 은하의 얼굴에 핏자국 같은 것이 묻어 있었던 것이다.

피 아니냐는 외침에 칠판 앞에 서 있던 선생님은 심상치 않은 얼굴로 책을 교단에 내려놓고 은하에게 다가갔다. 선생님이 다가오는 것이 신호탄이라도 되듯이 은하가 더욱 크게 소리 내어 울기 시작했다. 꺼이꺼이 숨을 들이마시며 울었다.

"은하야, 너 왜 그러니?"

선생님이 은하 어깨에 손을 얹으며 얼굴을 보려고 했다. 그러자 은하는 책상에 엎드리다시피 고개를 파묻고는 한층 서럽게 울었다.

"왜 그래? 너 무슨 일이야? 응? 말을 해야 알지!"

"흑흑흑, 학생주임 선생님이……."

울음과 섞인 은하의 목소리는 우리들도 잘 알아들을 수가 없었다.

"뭐라고?"

"학생부장 선생님이 저한테……."

이번에는 좀 더 큰 소리로 말하다 말고 은하는 다시 서럽게 우는 소리를 냈다.

"학생주임 선생님이 어쨌는데?"

선생님은 심각한 얼굴로 은하의 옆에 쪼그려 앉아 얼굴을 돌리게 했다. 그러자 은하는 잠시 얼굴을 들어 선생님을 흘낏 보곤 다시 엎드려서 울었다.

은하가 얼굴을 돌린 순간 사회 선생님은 '헉' 하고 놀란 숨을 들이키며 엉덩방아를 찧을 뻔했다. 은하의 얼굴이 피투성이가 되어 있었던 것이다. 코피가 흘러 얼굴이 말이 아니었고 뺨에는 멍든 자국까지 있는 것이 아닌가? 그러고 보니 손바닥에도 블라우스에도 핏자국이 여러 군데 있었다. 일순 교실이 고요해졌다. 선생님도 너무 당황한 나머지 잠시 멍하니 서서 은하를 내려다볼 뿐이었다.

"너, 어서 화장실에 가서 씻고 와라. 난 좀……."

선생님은 말꼬리를 흐린 뒤 교실을 나갔다. 은하는 움직이지 않고 그대로 있었다. 밖으로 나간 선생님은 옆 반 선생님을 불러냈다. 반 아이들 몇몇이 문에 바짝 붙어서 선생님들끼리 무슨 말을 하는지 귀 기울였다. 사회 선생님은 은하가 당한 상황을 마치 직접 목격한 것처럼 약간 과장하여 설명했다. 그러자 옆 반 선생님은 어처구니가 없다는 듯 큰소리를 냈다. 그 선생님은 평소에 학생주임 선생님께 감정이 많은 것 같았다. 사실 젊은 선생님들은 대체로 학생주임 선생님께 불만이 많은 편이다.

"그 양반, 내가 언젠가 사고 칠 줄 알았어. 그렇게 애들 때리지 말라고 해도. 이걸 학부모들이 알아봐요. 학교 전체가 시끄러워지고 경찰들까지 나서지 않겠어요? 이번 일은 결코 그냥 넘어갈 수가 없어요. 쉬쉬한다고 될 일이 아니에요. 당장 우리 쪽에서 먼저 경찰을 불러야지. 내가 전화를 할까? 그 양반도 혼이 좀 나야 해요."

아무리 평소에 학생주임 선생님께 불만이 있다 해도 자초지종도 모르는 일에 저렇게까지 화를 낼까 싶었다. 흥분한 목소리가 복도를 타고 울리는가 싶더니 다른 반 선생님도 나와서 거들었다.

"무슨 일인가요?"

이러다간 같은 층 선생님들이 전부 나올 것 같았다. 사태가 커질 모양이었다. 모두들 수업하던 것은 까맣게 잊고 수근대며 은하를 쳐다보았다. 그때 엎드려 울던 은하가 울음을 뚝 그치더니 벌떡 일어서서 쪼르르 교실 밖으로 나갔다. 피범벅이 된 은하의 얼굴이 아직 처참했다. 은하가 사회 선생님의 팔을 붙들며 입을 열었다.

"선생님, 저기요. 그게 아니고요."

"아니긴 인석아, 넌 가서 얼른 씻고 양호실에 다녀와."

사회 선생님은 은하를 돌려세워 옆 반 선생님께 보여주었다.

"이것 봐요, 이 녀석 얼굴을 봐."

"허허, 이거 보통 심각한 일이 아닌데요. 어떻게든 이 문제는 공공연하게 해결해야 해."

옆 반 선생님이 혀를 끌끌 차면서 전화기를 열자 은하가 다급하게 말했다.

"선생님, 그게 아니고요. 제가 장난한 거예요. 이거 피 아니고 분장용 물감이에요."

"뭐……? 뭐라고?"

사회 선생님은 얼빠진 얼굴로 은하를 돌아보았다. 우리들도 그 말을 믿을 수가 없었다. 교실 안은 걷잡을 수 없이 와자지껄해지기 시작했다. 나중에 은하에게 들은 거지만 멍 자국은 화장품으로 만들었고, 미리 물감을 준비해두었다가 우는 척할 때 물감을 얼굴에 문질렀다고 했다.

"그냥 제가 애들이랑 선생님을 놀라게 하려고 장난한 건데……. 죄송해요. 이렇게 일이 커질 줄 모르고……. 정말 저 혼자 장난한 거예요. 죄송해요."

은하의 표정이 여간 난감한 게 아니었다. 장난했다는 은하의 말에 교실은 완전히 빵 터졌다. 다들 배를 잡고 나뒹굴기 시작했다. 항상 말없이 미소만 짓는 명수도 이번에는 소리 내어 웃었다. 나무늘보는 옆에 걸린 신발주머니를 꺼내 빙빙 돌리며 신명나게 웃었다. 친구들이 깔깔대고 웃는 동안 선생님들은 할 말을 잊은 채 머쓱해하며 서로의 얼굴만 쳐다볼 뿐이었다.

"죄송해요. 친구들이 공부만 하느라고 힘들어 보여서 장난 한번 쳤어요. 선생님이라면 용서해주실 것 같아서."

은하는 애교를 부리며 사회 선생님의 팔에 매달렸다.

"예끼, 이 녀석. 저리 비켜, 피 묻어."

선생님이 호통을 쳤다. 그러나 화가 많이 난 것 같지는 않았다. 선생님의 옷 소매에 붉은 물감이 묻었다.

흥분했던 옆 반 선생님은 고개를 흔들며 은하의 머리를 한 대 쥐어박고는 교실로 돌아갔다. 사회 선생님은 화를 내야 할지 웃어야 할지, 어정쩡한 표정으로 교실로 들어왔다. 공부하자고 책을 펴던 사회 선생님은 은하와 눈이 마주치자 폭소를 터뜨렸다. 하하하하, 웃던 선생님은 급기야 눈물까지 찔끔대며 웃었다. 한참을 웃던 선생님은 웃음이 진정되자 한마디 했다.

"그래, 재미있었냐? 너처럼 별난 애는 정말 처음이다."

선생님뿐 아니라 우리들도 그랬다. 은하처럼 엉뚱하고 재미난 친구는 처음이었다.

두 번째 사건은 불과 사흘 전에 있었다. 이제 입시는 한 달 남짓 남았다. 넌안돼 선생님은 이제 아예 교내를 휘저으며 전교생을 괴롭히고 다니는 것 같았다. 시험이 얼마 안 남은 3학년생을 그렇게까지 괴롭히는 이유를 도무지 이해하기 힘들었다. 선생님다운 품위를 아예 포기한 것 같았다. 아이들은 선생님이 지질하고 쫀쫀하다며 불평했다.

그날도 넌안돼 선생님은 마치 학생들의 꼬투리를 잡으려는 사람처럼 안테나를 세우고 교내를 어슬렁거렸다. 이즈음에는 교과 진도는 다 나갔으므로 거의 모든 시간을 자습으로 보낸다. 자습을 하면 때때로 배정된 수업이 아닌 다른 과목을 공부하는 애들도 있는데, 보통은 선생님들도 눈감아준다. 워낙 때가 때이니 만큼 각자 부족한 부분을 채우라는 것이다. 한데 넌안돼 선생님의 문학 시간만큼은 반드시 문학 공부를 해야 했다. 만일 다른 과목을 공부하다 걸리면 잔소리깨나 들어야 한다.

자율학습 감독이 하필 넌안돼 선생님이었다. 그날은 은하가 재수가 없었다. 아니, 어쩌면 넌안돼 선생님이 재수 없었는지 모르겠다. 조용하던 교실에서 은하가 잠시 부스럭거리는 소리를 냈다. 그것을 놓치지 않고 넌안돼 선생님이 다짜고짜 언성을 높였다.

"야! 너 뭐하는 거야?"

은하는 엉거주춤 거울을 든 자세로 대답했다.

"코가 가려워서 거울 좀 봤는데요."

"코가 가려워서? 웃기고 있네. 하라는 공부는 안 하고. 정신 나간 년 아니야, 이게!"

선생님의 입에서 거친 말이 나오자 은하는 기분이 나쁜지 대들듯이 말했다.

"정말이에요. 코가 가려운 것도 죄예요?"

"정말은 무슨 정말? 이게 이제 아주 대드네."

"대드는 게 아니고요. 선생님이 먼저 욕을 하시잖아요. 가려워서 거울 좀 봤다고 욕을 하세요?"

은하는 당돌하게 대거리를 했다. 웬만해선 물러설 것 같지 않았다.

"야, 이년아, 공부는 안 하고 연애질을 하냐, 공부 중에 거울이나 보게? 그리고 뭘 잘했다고 자꾸 대들어, 대들긴?"

"왜 자꾸 욕하세요? 저 욕 들을 일 안 했어요. 그리고 저도 낼모레면 졸업이라고요."

"어쭈, 요것 보게. 졸업이면 뭐, 졸업이면 인생 다 끝나냐? 끝나?"

넌안돼 선생님이 성난 기색으로 다가와 은하의 가슴께를 손가락으로 쿡쿡 찔렀다.

"왜 찔러요? 지금 이거 성추행하시는 거예요?"

은하가 가시눈을 부릅뜨며 앙세게 소리를 쳤다.

"우~~."

아이들이 낮게 함성을 질렀다. 은하에 대한 응원과 선생님에 대한 야유가 동시에 섞여 있었다. 선생님은 은하에게도 화가 났지만 아이들의 야유에 한층 분이 난 모양이었다. 그래서 손을 들어 은하의 머리를 툭 쳤다. 은하가 날카롭게 째려봤다. 그러자 선생님이 다시 손을 들어 얼굴을 때리려 했다.

그 순간 은하가 벌떡 일어나 선생님의 팔목을 딱 붙들었다. 그러고는 서리차게 소리를 질렀다.

"야, 왜 때려! 내가 너 때문에 학교를 못 다니겠어!"

은하가 소리를 버럭 지르더니 교실을 뛰쳐나가버렸다. 넌안돼 선생님은 마치 기습 공격을 당한 군인처럼 멍청하게 서 있다가 침울하게 교무실로 내려갔다.

선생님이 나가자 아이들이 고래고래 환성을 질렀다.

"려치! 려치! 려치!"

선생님을 향해 이렇게 야유하는 아이들도 있었다. '려치'는 앞에서도 말했지만 F로 시작하는 영어 욕이다. 나무늘보는 신발주머니를 획획 돌리며 소리를 질렀고, 무교는 책상을 두드리며 소리를 질렀다. 자깝스런 명수도 빙긋 웃었다. 모두들 속이 다 후련했다.

넌안돼 선생님은 아이들이 소리를 지르는데도 돌아오지 않았다. 옆 반에서 수업하던 다른 선생님이 무슨 일인가 보러 와서는 아수라장이 된 교실을 진정시켰다.

은하는 그 일로 어떤 처벌도 받지 않았다. 입시가 워낙 코앞인데다 넌안돼 선생님도 성추행이라는 말에 뜨끔한 건지 이 일을 더 이상 문제 삼지 않았다. 그 뒤 대학입시까지 3주 동안 넌안돼 선생님은 전과 달리 학생들에게 더 이상 "넌 안 돼"라는 말을 하지 않았거니와 아이들에게 신경질을 부리지도 않았다.

터져버릴 듯 팽팽한 스트레스 속에 살던 고3 교실에 은하가 혁명을 가져온 것이다. 그런 은하가 나도 모르는 새 내 마음 한 귀퉁이에 들어와 앉았다.

chapter 14
일곱 번째 수업
시간 부족을 해결하라

    시간이 흘러 최 선생님을 만난 지 어느새 6주가 지났다. 오늘이 7주째 수업이다. 모의고사를 풀었는데 놀라운 변화가 일어났다. 내가 주로 틀리던 문제들이 하나둘 맞기 시작하더니 마침내 틀린 문제가 없어졌다. 아니, 정확히 말하면 내가 제대로 푼 곳까지는 틀린 문제가 없었다. 그러니 문제가 다 해결된 것은 아니었다. 마지막에 늘 시간이 부족해서 문제를 끝까지 제대로 풀지 못하는 것은 여전했다. 아니 그것도 상당히 개선되기는 했다.

    최 선생님을 처음 만났을 때는 네 지문 정도 남았을 때부터 다급해졌다. 선생님과 과외를 한 뒤로는 배운 방법대로 풀다 보니 시간이 많이 절약돼서 이제 두 지문 정도만 시간이 부족했다.

이번에도 결국 여덟 문제 정도를 못 풀었다. 문제를 찬찬히 푼 곳까지는 다 맞았다. 하지만 시간이 부족해 두 지문을 정신없이 풀다 보니 정답과는 거리가 멀었다. 앞으로 이 문제를 반드시 해결해야 한다. 그럼에도 푼 곳까지 다 맞았다는 것은 이만저만 큰 변화가 아니다.

"그래, 이제 잘될 것 같구나. 일단 푼 곳까지는 다 맞혔다는 게 중요해. 잘했어. 이제 남은 기간 동안 시간 부족 문제를 해결하자."

시간 부족을 해결하는 훈련법

선생님은 흡족하게 미소를 짓고는 이내 수업 모드로 돌아왔다.

"어떻게 하니? 시간이 부족하면 남은 지문 전부를 날아가면서 풀어? 아니면 푸는 데까지 차분하게 풀다가 마지막에 찍어?"

"이번엔 문제를 풀다 두 지문 남았을 때 시계를 보니 종료 5분 전이었어요. 그때부턴 완전히 말 타고 달렸죠."

시간에 쫓기니까 마지막에 가서 마구잡이로 푸는 것이다.

"그래, 그런데 네가 푼 곳까지 정답이 될 확률은 어떻지? 이제는 아무리 못 해도 80점은 맞을 수 있다고 보자. 그러면 네가 푼 것 중 80퍼센트가 정답이겠지? 네가 숨도 못 쉬게 빨리 남은 두 지문을 풀었을 때 정답률은 50퍼센트 내외일 거야. 그러면 여덟 문제 중 네 문제 정도 맞는 거지? 그러나 5분 동안 차분하게 한 지문을 다 풀면 어떨까? 적어도 세 문제는 맞을 테고 다음 지문은 급하게 보더라도 적어도 한 문제는 맞을 거다. 그렇다면 결국 차분하게 푸나 급하게 푸나 결과는 같다는 말이네. 한데 넌 요즘 정답률이 거의 100퍼센트에 다다르고 있어. 그렇다면 첫 지문의 네 문제를 다 맞히고 남은 문제를 그냥 찍는다 하더라도 한 문제는 더 맞을 테니까 확률이 더 높아지지 않겠니? 자, 시험도 확률 싸움이야. 그러니 앞으로는 시간이 부족해도 마지막까지 차분하게 풀도록 하자. 그게 더 좋은 전략이고 점수도 더 받을 수 있을 테니까."

선생님은 점수를 관리하는 데 늘 논리적이었듯이 이 문제에 대해서도 명쾌한 해법을 제시했다. 사실 해결되지 않는 고민 중 하나가 이렇게 급한 경우 '찬찬히 푸는 것과 빨리 푸는 것 중 어느 방법이 더 효과적일까'였다. 선생님의 말을 듣고 보니 차분하게 푸는 게 더 낫겠다는 확신이 섰다. 앞으로는 먼저 찬찬히 풀고 나머지는 찍는다는 마음으로 여유를 갖기로 했다.

"자, 내가 연필을 놓자마자 시험 시간이 끝났다면 시간이 부족한 게 아니야. 국어의 고득점자들은 생각보다 시간이 많이 남지 않아. 시간이 너무 낙낙하게 남는 게 오히려 나쁜 결과를 가져오기도 하고. 시험 종료 5분 전쯤 시험을 마치는 정도가 이상적이지.

시간이 부족하다고 호소하는 학생들은 얼마든지 있어. 전체 수험생의 절반 이상이 시간 부족을 호소하지. 따라서 시간 부족을 극복하는 것은 점수를 관리하는 데 아주 중요한 과제야. 그러면 시간

이 왜 부족한지 원인부터 따져보자.

여기에는 오해가 있어. 많은 사람들이 글을 느리게 읽어서 시간이 부족하다고 생각해. 물론 아주 특별한 경우 그런 학생이 있을 수 있지만 정상적인 고등학교 교육 수준의 학업을 마친 학생이라면 읽는 속도 때문에 시간이 모자라진 않아. 누구나 시간 안에 읽을 수 있는 정도의 지문과 문항이 주어진다는 말이지.

시간이 부족한 결정적인 이유는 정독, 곧 꼼꼼하게 읽는 습관이 덜됐기 때문이야. 꼼꼼하게 읽지 않으면 한 문제를 풀 때마다 전체 지문을 다시 읽어야 하니까. 다섯 문제를 푸는 동안 지문을 다섯 번 읽는다고 생각해 봐. 시간이 부족할 수밖에 없겠지? 하지만 한 번 읽을 때 정확하게 읽는다면 다섯 문제를 푸는 동안 두 번 정도만 지문을 보면 돼. 당연히 시간이 줄어들겠지.

우리 사회에서는 공부법도 마치 유행처럼 왔다 갔다 하는 경향이 있어. 그중 하나가 속독이야. 수십 년 전에도 속독 바람이 불더니 요즘도 속독하라고 재촉하는 사람들이 있더구나. 하지만 속독은 자칫 중요한 내용을 놓쳐서 시간을 더 많이 소모하게 하는 경우가 있어. 따라서 속독보다 정독을 습관화하는 게 좋아.

다시 정리하자. 시간을 안배하려고 글을 빠르게 읽지 말자. 꼼꼼히 제대로 읽는 게 문제를 풀 때 오히려 시간을 절약하는 길이야. 시간을 절약하기 위해서는 가능한 작은 문제에서 큰 문제로 옮겨가는 게 좋아. 작은 문제란 밑줄을 긋고 부분적으로 물어보는 문제라든지 어휘 관계를 묻는 문제 등 전체를 읽지 않아도 되는 문제야. 전에도 말했거니와 가·나·다·라·마의 다섯 단락으로 이뤄진 지문에서 각 단락의 특징이나 내용을 묻는 문제가 있으면 문제를 먼저 보자. 이런 문제를 먼저 풀다 보면 전체 지문 중 부분들을 이해하게 되고, 뒤에 전체 지문을 다시 봐야 하는 문제에서는 이미 부분을 읽었으므로 지문의 이해가 빨라지지.

그 외에도 그동안 우리가 봐왔던 문제 풀이 방법들을 충실히 훈련하면 효과적으로 시간을 절약할 수 있어. 그럼에도 시간을 획기적으로 줄이는 훈련을 알려줄게. 생각보다 아주 단순한 방법인데 시계를 재며 훈련하는 거야.

100미터 달리기 선수가 시간을 재며 훈련하듯이 말이야. 왜 선수들은 똑같은 훈련을 하면서도 매번 시간을 잴까? 시간을 의식하는 훈련인 셈이지. 마찬가지로 학생들도 처음부터 시간을 의식하면서 문제를 풀면 시간을 단축할 수 있어.

이렇게 해보자. 국어 시험을 예로 들어볼까? 우선 듣기 문제 하나에 2분씩 해서 다섯 문제면 10분, 정답 마킹 시간 3분, 합이 13분이네. 13분을 제외한 시간 동안 듣기를 제외한 문제를 푸는 연습을 하자. 주의할 점은 이 시간 동안 시험장에 들어간 마음으로 풀어야 한다는 거야. 출입 금지, 전화도 받지 말고, 화장실도 가지 않는 것은 물론이고 음악을 들어서도 안 돼. 집안 식구들도 네가 문제를 푸는 동안은 드나들지 말아야겠지. 정해진 시간 동안 꼼짝 말고 문

제만 풀라는 말이야.

일주일에 2회 혹은 3회를 풀어서 여섯 번 정도 혼자서 훈련을 거듭하면 시간이 단축될 거야. 만일 여섯 번을 풀어도 안 되면 두 번 정도만 더 풀면 된다. 단순한 방법이지만 시간 줄이기에는 특효야. 이 방법을 사용하면 웬만한 학생은 시간 내에 시험을 다 볼 수 있어.

물론 이 방법에도 한계가 없는 건 아니야. 이 훈련의 효과는 3개월 이상 지속되지 않거든. 3개월이 지나면 또 시간이 부족해질 수 있어. 그럴 경우 똑같은 훈련을 하면 이번에는 여섯 번이 아니라 서너 번만 반복해도 시간이 줄 거야.

때로 해도 안 된다는 학생들이 있어. 한데 이 학생들에게 물어보면 내가 알려준 대로 훈련을 하지 않은 경우가 대부분이었어. 가령 문제를 풀다가 다른 책을 보거나 화장실을 간다든지, 30문제쯤 풀다가 중간에 전화 통화를 했다든지……. 이것은 100미터 달리기 선수가 50미터쯤 가서 잠시 딴청 부리다가 다시 달리는 것과 같아. 지켜달라는 원칙을 어긴 학생들에겐 효과가 없을 수밖에.

또 6회까지 풀지 않아서 안 되는 경우도 있어. 만일 네 번만 연습해서 시간 부족 문제가 해결되면 왜 굳이 여섯 번이나 풀라고 하겠니? 그냥 네 번만 연습하면 되겠지. 한데 6회 정도 연습을 해야 확실히 시간이 줄더라는 거야. 따라서 반드시 6회까지 풀어야 해.

간혹 여섯 차례 훈련을 했는데도 안 된다는 학생들이 있어. 물어

보면 일주일에 한 번 혹은 열흘에 한 번 풀었다는 거야. 그것도 원칙을 지키지 않은 거지. 주 2, 3회는 풀어야 한다고 강조했지?

물의 끓는점이 얼마지? 100도. 그래, 100도가 되지 않으면 물은 끓지 않아. 정말로 놀랍게도 물은 정확하게 100도에서 끓는다고 해. 99도까지는 끓지 않는단 말이지. 많은 사람들은 99도까지 노력하고선 물이 끓지 않는다며 중도 포기를 해. 물을 끓이고 싶다면 반드시 100도까지 온도를 올려야 하듯 시험 공부도 반드시 원칙을 따라야 원하는 결과를 얻을 수 있어."

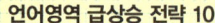

시간 부족을 해결하라

　　어쩌면 언어영역에 대한 학생들의 최대 고민은 시간 부족일 수 있다. 생각보다 많은 학생들이 시간이 부족해서 못 풀었다고 하소연한다. 따라서 특정한 학생들에게는 시간을 극복하는 것이 국어 실력을 높이는 것보다 중요할 수도 있다. 시간이 부족할 때 어떻게 대처해야 하며 시간을 절약하기 위한 어떤 묘책이 있는지 알아본다.

1. 시간이 부족할수록 찬찬히

시간이 부족하면 대충 빨리 풀지, 끝까지 찬찬히 풀지 고민하게 된다. 이때는 끝까지 찬찬히 푸는 게 효과적이다. 80점이 넘는 학생의 경우를 생각해보자. 가령 여덟 문제가 남았는데 시간이 부족해서 여덟 문제 모두 경황 없이 푼다면 네 문제를 맞추기 힘들어진다. 그러나 여덟 문제 중 네 문제를 꼼꼼히 풀고 나머지를 찍는다고 가정하면 확률상 다섯 문제는 맞춘다. 따라서 시간이 부족하더라도 최후까지 꼼꼼히 푼 뒤 마지막에 찍는다.

2. 속독보다 정독

시간이 부족한 결정적인 이유는 정독, 곧 꼼꼼하게 읽는 습관이 덜됐기 때문이다. 많은 사람들이 글을 느리게 읽어서 시간이 부족하다고 생각한다. 그러나 정상적인 학생이라면 읽는 속도 때문에 시간이 모자라지는 않는다. 시간이 모자라는 것은 꼼꼼하게 읽지 않아서 한 문제를 풀 때마다 전체 지문을 다시 읽어야 하기 때문이다. 따라서 속독보다 정독을 습관화하는 게 좋다. 시간을 안배

하려면 천천히 제대로 읽는 게 문제를 풀 때 오히려 시간을 절약하는 길이다.

3. 작은 문제에서 큰 문제로

시간을 절약하기 위해서는 가능한 작은 문제에서 큰 문제로 옮겨가는 게 좋다. 작은 문제란 밑줄을 긋고 부분적으로 물어보는 문제라든지 어휘 관계를 묻는 문제 등 지문 전체를 읽지 않아도 되는 문제다. 작은 문제를 먼저 풀다 보면 전체 지문 중 부분들을 이해하게 되고, 이후 전체 지문을 다시 봐야 하는 문제에서는 이미 부분을 읽었으므로 지문 이해가 빨라진다.

4. 시간을 단축하는 최상의 훈련

시간을 절약하기 위해서는 시간을 재며 훈련하는 것이 효과적이다. 듣기 문제와 답안지에 마킹할 13분을 제외한 시간 동안 문제 풀이 연습을 한다. 이 시간에는 시험장에 들어간 마음으로 공부해야 한다. 출입 금지, 전화 금지, 화장실 금지, 음악 금지, 식구들 금지. 정해진 시간 동안 꼼짝 말고 문제만 푼다.

반드시 일주일에 2회 혹은 3회를 풀어서 여섯 번 정도 훈련을 거듭하면 시간이 단축된다. 만일 여섯 번을 풀어도 안 되면 두 번 정도만 더 풀도록 한다.

chapter 15
열다섯번째 수업
표준어와 맞춤법

그 후 나는 2주 동안 최 선생님이 일러준 방법대로 시간을 체크하면서 문제를 풀었다. 신기하게도 거짓말같이 시간이 단축됐다. 시간이 줄고 나니 곧바로 국어 점수가 올라갔다. 지금까지 한 번도 받아보지 못한 점수였다.

이제 대학입시까지 열흘 남짓 남았다. 남은 열흘 동안 어떻게 시간을 관리하느냐만 남은 셈이다. 이대로만 점수가 나와준다면 최 선생님은 나에게 은인이나 다름없다. 그동안 그토록 많은 학원과 과외 선생님을 만나서 많은 시간과 비용을 투자했지만 내 점수는 큰 변화가 없었다. 한데 지금 불과 8주 만에 성적이 달라진 셈이다.

처음에 수강료 문제로 갈등했던 엄마는 이제 전혀 후회하지 않

왔다. 그동안 국어 공부에 들인 비용이 최 선생님께 들인 비용보다 훨씬 많았으니 엄마 입장에선 아까울 게 전혀 없다고 하셨다. 아까울 게 없는 게 아니라 뒤늦게라도 최 선생님을 만난 게 천만다행이라고 했다. 돈이란 건 잃어버릴 때도 있고, 또 잃어버린 것을 되찾을 기회도 있지만 시간은 돌아오지가 않는 법. 마지막 10주라는 시간을 잃어버릴까 봐 더 고민이 컸던 것이다. 한데 시간을 잃어버리기는커녕 결과적으로 그 돈을 들여서 내 인생의 시간을 엄청나게 아낀 셈이다. 엄마나 나는 춤을 출 일이다.

"자, 이제 네 점수가 안정된 것 같다. 1등급에 진입한 학생들은 너무 많은 문제를 풀면 역효과가 나는 경우가 많아. 따라서 국어 문제 풀이의 호흡을 잃지 않을 정도만 문제를 풀어라. 하루에 한두 지문 정도, 그러니까 열 문제 내외만 꾸준히 풀면 돼. 감을 놓치지 말자는 거지. 너무 많은 문제를 풀다 보면 멀미를 일으킨다고 할까? 어떤 대상을 이해하려기보다 오직 국어 문제로만 보려고 하고, 그렇게 되면 스스로 지문 속에 매몰되고 말아. 그러니 이제는 좀 여유를 갖고 간단한 독서도 하고 생각하는 여유도 갖기 바라. 그리고 남은 기간 동안 네가 틀렸던 문제를 다 뒤져서 풀어보는 것도 좋아. 틀린 문제는 다시 틀린다고 말했지? 보름쯤 남은 지금 시점부터는 틀린 문제를 푸는 게 가장 효과적이야."

엄마가 새벽까지 안 자고 기다렸다가 잠시 방으로 들어왔다. 수능시험이 끝나고 나면 면접과 논술이 있는데 그 시험 준비도 최 선생님이 맡아달라고 부탁했다. 선생님은 알겠다고 말했다. 이번에도 10회만 시간을 내자고 했다. 그 정도면 충분히 면접과 논술 대비를 할 수 있을 거라면서.

엄마가 나가자 선생님이 준비해온 시험지를 내밀었다. 맞춤법 시험이었다.

"맞춤법은 평소에 훈련을 많이 해야 하지만 우리가 늦게 만났으니까 한 번이라도 해보자."

출제 빈도가 높은 어휘와 출제 가능성이 높은 어휘만 정리해서 한 시간 동안 풀었다. 문제를 풀다 보니 내가 잘못 알고 있는 표준어가 꽤 많았다. 특히 최근에 바뀐 맞춤법은 틀리기 쉬운 것이라 따로 관리할 필요가 있었다.

'간지럽히다 · 남사스럽다 · 맨날 · 허접쓰레기 · ～길래 · 개발새발 · 나래 · 내음 · 눈꼬리' 등은 자주 사용하면서도 사투리로 인식되어온 어휘이므로 주의를 기울여야 한다. 또 새로 표준어로 정해진 '짜장면 · 택견 · 바둥바둥 · 오순도순' 같은 단어들도 눈여겨봐야 했다. 굳이 최근에 추가된 표준어가 아니더라도 내가 생활 속에서 잘못 사용하는 말이 매우 많았다.

선생님은 표준어에서 꼭 한 문제가 나온다는 마음으로 문제를 풀라고 했다. 실제로 내가 시험을 보았을 때 이중 한 어휘가 출제됐으니 최 선생님은 고등학생들의 말로 '찍신' 즉, 찍기 귀신인 셈이다. 이렇게 해서 나는 가장 어렵다고 하는 어휘 문제도 해결할

수 있었다.

"이제 내가 오지 않아도 너 혼자 마무리를 잘할 수 있을 것 같다. 그냥 혼자 공부할 거니? 아니면 나랑 남은 2주를 더 할래?"

선생님은 진심으로 묻고 있었다. 원래 10회를 하자고 약속했으나 8회 만에 해야 할 공부가 다 끝난 것이다. 나는 그동안 성적의 변화를 경험하면서 선생님을 더욱 신뢰하게 되었으므로 마지막 주까지 선생님과 함께 공부하고 싶었다. 혹시라도 내가 또 다른 문제에 부딪히지 말라는 법도 없으니까. 게다가 심리적으로 안정감을 갖는 것도 매우 중요한 요소였다. 그래서 나는 앞으로 별로 할 게 없더라도 함께 마무리를 하자고 대답했다.

chapter 16
그때 그 얼굴들

동현이는 잊을 만하면 한 번씩 문자 메시지를 보냈다. 내용은 주로 나더러 최선을 다하라거나 명수에 대한 걱정이다. 가끔 여자친구랑 찍은 사진을 보내기도 한다.

명수는 끝까지 점심을 굶었다. 강남 한복판에 있는 고등학교를 다니는 학생이 점심을 굶는다고 하면 누가 믿을까. 하지만 그게 명수의 현실이다. 현실에는 나와 다른 누군가가 틀림없이 존재한다. 그런 면에서 나는 최 선생님에게 배운 게 있다. 세상에는 나와 다른 누군가가 존재하고, 그 누군가가 내 도움을 필요로 한다는 것이다.

그동안 명수도 국어 성적이 올랐다. 명수 스스로도 열심히 했거니와 내가 최 선생님의 강의를 녹음해서 명수에게 전해준 것이 도

움이 된 것 같다. 명수는 처음에는 내 호의를 어려워했으나 내가 동현이와 어려서부터 친했고, 무엇보다 내가 자기를 진심으로 대한다고 느끼면서 마음의 벽을 허물었다.

나는 명수에게 점심값도 주고 싶었지만 그렇게 하면 명수가 자존심 상할 것 같아서 모른 척했다. 어쩌면 점심을 굶는 지금의 경험이 저 녀석을 더 큰 인물로 만들어줄지 모른다는 생각도 들었다.

어린 시절에 따돌림을 당하거나 소외됐던 사람들 혹은 어려운 환경에서 자란 사람들에게는 남다른 야망이 있다. 그리고 그것을 극복하는 과정에서 많이 성장한다. 세상을 바꾼 위인들은 어린 시절 남모르는 고통을 겪으며 자신을 안출렀다. 나는 명수의 조용한 미소 뒤에 예리한 칼날이 숨어 있다는 것을 종종 느꼈다. 언젠가 그 칼날이 명수를 남다른 사람으로 만들 거라고 믿었다.

명수는 나와 비슷한 속도로 국어 성적이 올랐다. 최 선생님은 나를 통해 또 한 학생의 국어 실력을 다진 셈이다.

마지막 2주 동안에도 사건 사고는 있었다. 삭막한 고3 교실에도 사람은 살아 있으니까. 고3 교실도 고2 교실과 큰 차이가 없다. 아이들은 웃고 떠들 줄 알고, 살아가는 방법도 안다. 수험생이라고 해서 모두가 숫자나 점수에 눌려 죽은 듯이 사는 건 아니다. 하지만 졸업한 사람들은 자신들이 그렇게 살았던 과거는 잊고 오직 책과 씨름한 기억만 갖고 있는 것 같다. 어쩌면 사람은 망각 속에 사는지 모르겠다.

이번에도 두 가지 사건이 있었다. 하나는 명수와 관계가 있었다. 이제 대학입시까지 보름도 채 안 남았다. 무교는 여전히 명수를 괴롭혔다. 아무리 시험을 포기한 아이라도 시험에 대한 부담감은 있게 마련이다. 무교도 마찬가지로 불안할 것이다. 무교는 시험에 대한 중압감을 다른 아이들을 괴롭히면서 푸는 것 같았다.

점심시간이 끝날 무렵 무교가 교실로 돌아오는 명수에게 또 시비를 걸었다.

"야, 십장생. 너 알고 보니 맨날 굶는다며."

명수는 아무런 대꾸를 하지 않았다.

"거지새끼. 그래, 밥도 못 처먹냐? 넌 강남에서 살지 말고 땅값 착한 동네로 가야지. 네 친구들 있는 데로 꺼져."

명수는 여전히 입을 다물고 있었다.

"이 새끼 조낸 생까네. 귓구멍에 쓰레기를 박았냐?"

명수가 반응을 안 보이자 제물에 화가 난 무교가 명수를 잔채질하듯 툭툭 쳤다. 명수가 무교를 흘끗 쳐다보는데 눈매가 강팔랐다.

"어쭈, 급 야리네? 네가 야리면 어쩔 건데? 야리면 어쩔 거냐고, 씨댕아."

무교가 발로 명수를 찼다. 명수가 고개를 떨궜다. 무교가 명수의 뒷머리를 손바닥으로 쳤다. 철퍼덕! 소리가 무척 컸다. 교실 전체에 들렸다. 그 순간 저쪽에서 무교를 무지르는 목소리가 날아왔다.

"야, 이 새끼야!"

우리의 혁명가 은하였다.

"너 명수랑 생전에 무슨 원수졌냐? 명수가 뭘 잘못했다고 허구한 날 지랄이야?"

다들 무교의 행패를 피하려고 참견하지 않는데 은하가 명수를 두둔하고 나섰다. 그것도 보통 야무지지 않았다. 덤빌 테면 덤비라는 태세였다.

"넌 뭐야? 쓰바."

무교가 은하를 노려보았다. 하지만 지난주 은하의 강단을 이미 본 후다. 이제 은하는 힘센 무교보다 아이들 사이에 더 무서운 존재로 떠올랐다. 사실은 무서워하는 게 아니라 존경할 정도다.

"노려보면 어쩔 건데. 와서 나도 팰래? 어디 한번 해보시든가."

"너, 너, 너……."

무교는 말을 더 잇지 못하고 주먹으로 애꿎은 책상을 내리쳤다.

"쪼렙 새끼. 약한 애들이나 괴롭히는 주제에 너도 남자냐? 제발 졸업할 때까지 내 승질 좀 건드리지 마라."

'쪼렙'은 '초급 레벨', 그러니까 유치하다는 뜻이다. 은하는 무교와의 전투에서 완전히 승리했다. 무교는 씩씩거릴 뿐 더 이상 대거리조차 못했다. 그도 그럴 것이 머리 하나만큼 더 작은 여학생하고 주먹다짐을 할 순 없지 않은가. 게다가 은하가 워낙 서슬차게 나오는 바람에 무교는 기가 질려 더 이상 말조차 꺼내지 못했다. 은하는 정말이지 볼수록 매력적인 '볼매'다. 기회가 되면 볼이라도 콱

깨물어주고 싶다.

시험을 일주일 앞두고 나무늘보가 병원에 실려 간 일을 빼면 무난한 나날이 계속됐다. 나무늘보는 제법 날씨가 쌀쌀함에도 불구하고 평행봉에 매달려 자고 있었다. 사실 자고 있었는지 명상을 했는지 아니면 평소처럼 노래를 부르고 있었는지 아무도 모른다.

원숭이도 나무에서 떨어질 때가 있다는 말대로 나무늘보가 평행봉에서 떨어졌다. 떨어지면서 짚은 팔과 꼬고 있던 다리에 금이 갔다. 수능 7등급이면 어차피 대학에 진학하기는 쉽지 않다. 입원을 핑계로 1년쯤 시간을 벌지도 모르겠다. 녀석은 시험 당일 병상에 누워 아침 뉴스를 보면서 링거 병을 돌리며 흥에 겨운 노래를 부를지도 모르겠다.

세월의 강을 훌쩍· 건너버린 이제 와서 생각하면 그리운 녀석들과의 시간은 그렇게 흘러갔다.

한 가지 잊고 말하지 않은 게 있다. 시험이 끝난 뒤 나는 넌안돼 선생님을 찾아갔다. 선생님을 만나려고 시간을 내서 일부러 찾아갔다. 교무실에서 주차장으로 가는 길에서 선생님을 기다렸다. 시험이 끝난 직후라 운동장 가로 늘어선 나무마다 쓸쓸한 가을이 걸려 있었다. 나는 선생님에게 반드시 한 방 먹일 생각을 하며 기다렸다.

재학생들이 하교를 시작한 지 얼마 되지 않아 넌안돼 선생님이

밖으로 나왔다. 선생님이 먼저 나를 알아봤다.

"어, 너, 선제 왔구나. 시험 잘 봤냐?"

이렇게 말하는 선생님은 교실에서 우리를 괴롭히던 선생님이 아니었다. 나를 마치 아주 친근한 제자 대하듯이 했다. 꾸민 행동이 아니라는 것을 알 수 있었다. 나를 바라보는 눈동자에 거짓이 보이지 않았기 때문이다.

순간 나는 마치 무장해제당한 포로가 된 기분이었다. 잔뜩 벼르고 왔는데 상대는 그런 나를 포근하게 맞아주는 게 아닌가. 그럼에도 불구하고 그냥 넘어갈 수는 없었다. 나는 일부러 인사를 생략한 채 쌀쌀하게 대답했다.

"네, 당연히 잘봤죠."

"그래, 축하한다. 아주 잘됐구나."

선선히 축하해주는 선생님의 태도에 나는 그만 말문이 막힐 지경이었다.

"참 내, 네, 선생님이 말한 대로 저는 절대 안 되는 놈이죠. 하지만 수천만 원 과외비 내서 족집게 과외를 하니 국어 성적도 잘 나오더라고요. 왜 좀 시원하세요?"

퉁명스럽게 쏘아붙이느라 힘주어 말했으나 이미 기가 빠진 상태였다. 적군인 넌안돼 선생님이 전혀 다른 사람이 돼서 나를 맞았기 때문이다.

"그래? 너, 내가 한 말 때문에 상처를 많이 받았구나. 미안하다.

그리고 축하한다."

그렇게 말하는 선생님이 오히려 얄미워서 나는 한마디 더 했다.

"상처 안 받을 놈이 어디 있어요? 열등감을 그런 식으로 표현하지 마세요. 저희 집은 진짜 돈이 많아서 수천만 원 내고 과외 받았다니까요. 선생님들의 월급 몇 푼하고는 비교도 안 되는 돈이에요."

나는 내 입에서 나온 말이 너무 심해서 순간 정말 내가 한 말인가 의심했다. 하지만 선생님은 전혀 동요하지 않았다. 오히려 순한 양처럼 내 말을 받아넘겼다.

"내가 너희에게 좀 심하게 말한 것은 정말 미안하다. 그런데 원래 그래야 애들이 공부를 더 독하게 하는 법이야. 내가 한 말에 상처를 받았다면 정말 미안하다. 결과가 좋았으니 한번 봐주지 않겠니?"

그렇게 말하는 선생님의 얼굴에 대고 더 이상은 아무 말도 할 수 없었다. 선생님은 나에게 작별인사를 하고 돌아서서 차에 올라탔다. 작고 낡은 차였다. 선생님이 추레한 자동차의 시동을 걸자 앙마른 나뭇잎들이 추위에 떠는 것 같았다. 내가 선생님의 월급 운운한 것이 순간 깊은 죄책감으로 밀려왔다.

세월이 흐른 지금 생각하면 당시 나는 참 어리석고 철이 없었다. 선생님에게 얼마나 상처가 깊었을까? 언젠가 내가 좀 더 나이가 들면 다시 선생님을 찾아뵙고 내가 한 말에 대해 사과를 할 셈이다. 그렇게 하지 않으면 평생 내 마음속에 짐으로 남을 것 같다.

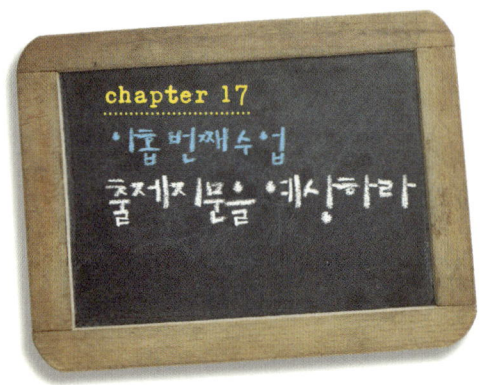

chapter 17
아홉 번째 수업
출제지문을 예상하라

시험을 보고서야 깨달았지만 만일 남은 2주를 최 선생님과 함께 하지 않았으면 또 한 차례 후회할 뻔한 일이 있었다. 9주째에 온 선생님은 시험에서 나올 만한 지문을 연구했다며 쪽지를 하나 꺼내 들었다.

"보통 족집게라고 하지? '쪽'집게. 한데 나는 이 말이 참 싫다. 선생이 그해 나오는 문제를 맞힐 수도 있고 못 맞힐 수도 있지. 대부분 학원가에서 이맘때면 출제 지문을 예상하지만 적중률이 매우 낮아. 나오건 안 나오건 뒷일은 아무도 책임지지 않을 테니 의무감 없이 예상을 하거든. 또 예상 지문이 적중됐다고 해서 그 선생이 능력 있는 것도 아니고, 적중 안 됐다고 해서 선생의 능력이 떨

어지는 것도 아니야. 그러니까 나중에 나한테 책임 추궁은 하지 마라. 그냥 나는 해마다 재미로 찍어볼 뿐이야. 게임하듯이. 지금까진 운이 좋아서 꽤 많이 적중했는데 올해는 어떨지 모르겠구나. 또 내가 아무리 잘 찍어도 학생이 문제를 풀 능력이 안 되면 소용없는 일이지. 설령 내가 못 찍어도 학생의 능력이 뛰어나면 다 맞을 테고. 그러니까 근본적으로 자신의 실력을 키우는 게 최상책이다만 한 번 들어봐서 손해 볼 건 없겠지?"

지금까지 봐온 선생님의 능력으로 보아 충분히 적중할 가능성이 있다고 믿었으나 나도 이런 찍기에 현혹되는 성격은 아니었다. 그러므로 그냥 적당히 메모를 하면서 들었다.

"올해 예술 지문은 미술 분야가 나올 거야. 이건 확실해. 그런데 미술 분야 중에서도 서양미술이 나올 거야. 그동안 출제된 미술 지문으로 봐서 이번엔 초현실주의 미술이 나올 것 같구나. 초현실주의 미술을 인터넷으로 검색해보고 시험장에 들어가야 할 거야. 과학 지문은 그동안 물리나 화학 등 약간 전문적인 지문들이 나왔는데 이번에는 오랜만에 환경 문제가 출제될 가능성이 높아. 사회는 잘 모르겠다. 국어 문법 지문은 형태소 문제가 나올 것 같아. 문법 문제에는 약간의 사이클이 있는데 잘만 하면 형태소 문제가 나올 거야. 그러니 형태소 문제도 한 번 이해하고 가자."

나는 최근 학원가에 떠도는 소문에 대해 물었다.

"선생님, 이번에 출제위원으로 누가 들어갔다는 소문이 있던데

들으셨어요?"

"아니, 못 들었는데."

"아, 소문이 파다한데……. 그분이 평소에 그랬대요. 올해 사망한 작가를 잘 기억하라고."

내가 질문하자 선생님은 어처구니 없다는 듯 웃었다.

"원래 해마다 그와 똑같거나 비슷한 소문이 있었어. 그 소리는 내가 열 번도 더 들었는데 말이다. 많은 학원들이 그해 사망한 작가의 작품을 찍는데 여기에 현혹되면 안 돼. 사망한 국내 작가들의 작품을 실으려면 앞으로 100년은 걸릴 거야. 출제위원들의 입장에서 굳이 그해 사망한 작가의 작품을 고를 이유가 없어. 특히 학원가의 그런 예상을 알고 있으므로 일부러 피한다고 보는 게 더 맞을 거야. 따라서 작가들에게 어떤 일이 일어났다는 사실에 현혹되지 마라. 출제위원이 누구라는 등 그럴싸한 소문이 떠돌겠지만 다 믿지 않는 게 정신건강에 좋아."

그래도 나는 어딘가 꺼림칙했다. 소문의 힘은 신비롭다. 사실이 아닐수록 더 화려한 옷을 입고 있으니까. 이런 나의 불안감은 무시한 채 선생님은 하고 싶은 말을 계속했다.

현대시는 늘 일제 전후 작가와 현대 작가의 작품이 섞여 나와. 그리고 소설은 교과서에 수록된 소설 중에서 아직 출제되지 않은 소설에 주목하는 게 좋아. 그게 아니라면 문학교과서에 나온 작품 중에서 너무 낯설지 않은 작품 정도에 주목하자. 고전문학은 가사

·시조·고전소설·고전시가 등이 있어서 복잡하기는 하지만 그럼에도 일정한 흐름이 있어."

이런 전제하에 선생님이 뽑아준 작품 수가 분야별로 네 편씩이었다. 나는 그 지문이 다 나올 리 없다고 생각했기 때문에 대강 읽었지만 아뿔싸, 시험 당일 시험지를 받아든 순간 땅을 치며 후회했다. 선생님이 뽑아준 고전문학 두 지문 중에서 황진이의 시조를 읽지 않았는데 결국 그 시조에서 한 문제를 틀리고 만 것이다. 맨 첫 시간에 선생님이 예언한 대로 나는 선생님의 말을 제대로 듣지 않아서 2점을 손해보고 말았다.

미술 분야는 선생님의 예상이 적중했다. 내가 검색한 초현실주의 미술과 거의 비슷한 내용이 나왔다. 과학도 환경 문제에 관한 지문이 나왔다. 하지만 선생님이 포괄적으로 환경 문제가 출제된다고 했기 때문에 지문이 익숙하진 않았다. 그리고 현대시에서 지문 하나가, 고전문학에서 지문 둘이 나왔다. 대단한 적중률이었다.

chapter 18
마지막수업
시험을위한
마지막팁

마침내 선생님과 나의 시험 전 마지막 시간이다. 일주일 후면 그동안 내가 공부한 결과를 볼 수 있다. 최 선생님은 나에게 두 가지를 당부했다.

"교회나 절이나 성당에 가보면 입시를 앞두고 부모님들이 기도를 하지. 우리 아이가 시험 잘 보게 해달라고. 또 학생들은 자기가 시험 잘 보게 해달라고 시험 당일 기도를 하기도 하지. 물론 종교가 없는 친구들은 기도를 안 하겠지만 적어도 스스로 마음을 다지기는 하지 않겠니? 오늘 시험 잘 보자고 각오를 하겠지? 기도, 어떤 기도를 하면 좋을까? 나만 시험 잘 보게 해달라고 하지 말고 그동안 내가 공부한 만큼만 성적이 나오도록 해달라는 기도하면 마

음이 편안하지 않을까 싶다. 욕심을 부리지 않으면 마음도 평안을 얻으니까."

나만 잘되자는 기도는 하지 않았으면 좋겠다는 그 말이 손난로처럼 따뜻했다.

찍기 기술

"이건 시험을 위한 마지막 팁이야. 시험도 다 봤고 문제도 다 풀었음에도 모르는 문제는 어떻게 해결할까? 게다가 혹시라도 시간은 다 됐는데 몇 문제가 남았으면 어떻게 해야 할까? 이른바 어떻게 찍어야 하느냐의 문제야.

대학입시는 답의 숫자가 일정해. 국어 문항이 전체 50개면 1번부터 5번의 숫자가 각각 열 개 정도씩 답으로 나오도록 정해져 있어. 아무리 어긋나도 번호 다섯 개 중 두 개 정도만 한 문항쯤 숫자가 다를 뿐이야. 예를 들면 1번 열 개, 2번 아홉 개, 3번 열 개, 4번 열 개, 5번에 열한 개 정도를 배정한다는 거지. 따라서 피치 못하게 찍어야 하는 상황이 오면 내 답의 숫자가 적은 번호에 일괄적으로 찍으면 맞을 확률이 높아. 가령 네가 푼 답을 확인했을 때 3번이 일곱 개만 있으면 남은 문제 모두를 3번으로 찍으라는 말이지."

"선생님, 만일 제가 푼 답이 오답이면 망하는 것 아닌가요?"

선생님은 기다린 대답이라는 듯 빙긋 웃으며 말을 이어갔다.

"좋은 질문이야. 여기서도 확률 문제를 따져야 해. 내가 푼 문제의 답이 적어도 80퍼센트의 적중률을 가졌다면 당연히 지금까지 푼 문제들도 그 이상의 확률로 맞았을 거야. 따라서 네 답을 믿고 답이 적은 문항을 중심으로 찍으면 맞을 확률은 아주 높아져. 국어뿐 아니라 전 과목에 적용되는 방법이야."

시험지와 나의 거리를 유지하는 방법부터 남은 답을 찍는 방법까지 이렇게 세심하한 팁을 얻게 될 줄은 예상하지 못했다. 최 선생님을 더 일찍부터 만나 차분하게 인문학적 소양을 쌓았으면 참 좋았겠다는 아쉬움 속에 선생님과 나의 열 번째 만남은 끝났다. 선생님은 엄마와 인사를 나눈 후 쌀쌀한 새벽 공기로 얼굴을 씻으며 돌아갔다.

일주일 후 나는 시험을 봤다. 국어는 앞서 말한 대로 시조에서 한 문제를 틀렸다. 전 과목에서 언어영역과 사회탐구영역에서 각각 한 문제씩, 딱 두 문제만 틀려서 원하는 대학, 원하는 학과에 진학할 수 있게 됐다.

국어 시험을 볼 때면 답이 정확히 이것인지 아닌지 헷갈릴 때가 많다. 나도 시험 볼 때 그랬다. 하지만 묘한 일이었다. 그 짧은 시간에 했던 훈련들, 아무것도 안 한 것 같은 그 훈련들이 상당한 효력을 발휘했다.

시험이 끝나고 최 선생님에게서 논술과 면접을 위한 과외를 받았다. 자기소개서 쓰는 법과 논술 쓰기, 면접 및 구술 시험을 준비

했으나 이젠 워낙 시간이 많이 지나서 그 내용은 어렴풋이 기억이
날 뿐이다.

　자기소개서는 자기를 잘 드러내도록 솔직하게 쓰라는 것과 전체
내용이 하나의 스토리로 엮여야 한다는 가르침이 기억에 남아 있
다. 실제로 자기소개서를 쓸 때는 선생님이 직접 도와주었고 심지
어 학교장 추천서도 선생님이 써준 뒤 교장 선생님은 서명만 했을
뿐이다.

시험 직전 비상수단

시험이 다가오면 시험 당일을 대비한 비상수단을 준비하는 게 좋다. 평소에 하는 공부법이라기보다는 시험에 임박했을 때 한번쯤 검토해볼 것들이다.

1. 맞춤법 시험

출제 빈도가 높은 어휘와 출제 가능성이 높은 어휘만 정리하여 문제 삼아 풀어보는 것은 효과적인 방법이다. 표준어 문제는 반드시 한 문제 정도 출제된다는 마음으로 준비한다. 자주 쓰이면서 잘 틀리는 어휘를 정리하는 게 좋다.

2. 예상 지문 맞히기

그해에 출제될 만한 지문을 예측하는 것은 상당한 의미가 있다. 적중하지 못하더라도 정리하는 의미에서 예측의 기준을 마련한다.

첫째, 예술 분야는 해마다 돌아가면서 나온다. 음악·미술·건축 등 분야의 흐름을 보면 그해의 지문을 예상할 수 있다.

둘째, 과학 지문은 물리·화학·생물·지구환경 분야 등이 돌아가면서 나온다.

셋째, 사회는 국사·세계사·한국지리·세계지리 혹은 시사 문제가 번갈아 나온다.

넷째, 국어 문법이 출제된다.

다섯째, 현대시는 일제시대 전후 시와 현대 시가 섞여서 나온다.

여섯째, 소설은 각종 교과서에 나온 소설 중 출제되지 않은 작품에 주목한다.

일곱째, 고전문학은 가사·시조·고전소설·고전시가 등에서 출제되지 않았으나 교과서에 자주 등장하는 작품에 주목한다.

3. 최후의 찍기

시험도 다 봤고 문제도 다 풀었음에도 모르는 문제를 해결할 때, 혹은 시간이 부족할 때도 찍는 기준이 있다. 대학입시는 답의 숫자가 일정하다. 국어 문항이 전체 50개면 1번부터 5번의 숫자가 각각 열 개 정도씩 답으로 나오도록 정해져 있다. 따라서 피치 못하게 찍어야 하는 상황이 오면 작성한 답의 숫자가 적은 번호에 일괄적으로 찍으면 맞을 확률이 높다. 학생의 점수가 평균 80점을 넘을 경우 찍기도 80퍼센트의 적중을 할 것이고 50점이라면 50퍼센트의 적중을 한다. 따라서 이러나저러나 확률은 높다.

chapter 19
논술의 핵심비법

논술 강의에서는 세 가지가 기억난다. 첫째는 글을 요약하는 훈련이 중요하다는 내용이다.

"대다수의 논문이 그렇듯이 논술 능력의 첫걸음은 요약하는 기술이야. 따라서 남의 글을 많이 보고 요약하다 보면 글쓰기가 늘어."

나도 요약하는 데 꽤 많은 시간을 할애했다.

"둘째는 신문이나 사설을 많이 이용하는데, 신문에 나오는 글들은 수준이 낮고 문장도 조악해. 가능하면 책을 읽는 게 좋다. 끝으로 글쓰기의 힘은 사색에서 나와. 사색하는 시간을 많이 갖길 바란다."

글을 잘 쓰고 싶으면 무언가를 외우고 쓰는 것보다 빈둥거리며 상상의 날개를 펼치는 것이 더 도움이 된다는 주장이었다. 나는 그

순간 나무늘보가 생각이 났다. 나무늘보는 얼마나 많은 사색을 했을까?

시험을 끝내고 나면 아무것도 아닌데, 다들 사형장에 끌려가는 것처럼 긴장감 속에서 시간을 보냈다. 은하와 무교, 명수는 시험을 잘 봤을까? 묘하게도 지나간 모든 것은 아름다워지고 궁금해진다. 그것이 기억이 갖는 마력인지 모른다.

수능이 끝났으니 아이들은 어떻게 지낼까? 인생이 사흘 남았을 때 하고 싶었던 것들을 지금쯤 하고 있을까? 아이들의 모습이 정말 궁금했다.

나는 다시 상상의 나래를 접고 논술 대비에 집중했다.

일단 글을 구성할 때는 처음과 중간과 끝이 있는데 이를 다른 말로 하자면 서론·본론·결론이다. 1,000자 이상의 장문에서는 서론·본론·결론으로 나누지만 1,000자 이하에서는 처음·중간·끝이라는 용어가 더 어울린다. 어떻든 처음·중간·끝이건 서론·본론·결론이건 간에 분량의 비율은 1대 3대 1이다. 가령 1,500자 논술이면 서론 300자, 본론 900자, 결론 300자 정도로 안배하라는 말이다. 아주 단순하지만 대다수 문제의 핵심은 단순한 것들에 있음을 잘 안다. 서론이나 결론이 본론에 비해 결코 적지 않은 양을 써야 한다는 말이다.

일단 50자를 넘어가는 문장은 한 번에 읽기도 쉽지 않다. 무엇보다 아마추어는 문장이 길어지면 반드시 주술관계가 흐트러진다.

흔한 말로 비문이 되는 것이다. 40자 이내로 문장을 쓰기 위해서는 두 가지 사실을 이은 문장으로 쓰지 않는 게 중요하다. 한 문장에는 오직 하나의 사실만을 써야 한다는 뜻이다.

앞에서 말한 내용을 따와서 생각해보자.

두 번째로 기억에 남는 것은 문장 쓰기에 관한 것이다. 논술에서는 한 문장을 쓸 때 띄어쓰기 포함 40자를 넘지 말라고 한다.

이 글의 첫 문장은 띄어쓰기 포함 30자, 둘째 문장은 38자다. 그러면 이 문장을 이어 써보자.

두 번째로 기억에 남는 것은 문장 쓰기에 관한 것인데 논술에서는 한 문장을 쓸 때 띄어쓰기 포함 40자를 넘지 말라고 한다.

이렇게 이어 쓰면 68자의 장문이 된다. 두 문장을 합하면 문장이 길어지므로 하나의 내용당 한 문장으로 자르라는 것이다.

한 단락은 200자 내외가 좋다. 300자를 넘지 않는 게 중요하다. 논술은 워낙 짧은 글쓰기이므로 단락이 길어지면 기형적인 글이 될 수밖에 없다. 따라서 단락을 구성할 때도 마치 논술문 전체를 쓰듯이 3단 구성을 하는 것이 이상적이다.

구성은 '주제문-뒷받침문-정리문'의 순서로 가야 한다. 이렇게

쓰면 자연스럽게 두괄식 구성이 된다. 많은 사람들이 주제문과 뒷받침문은 쓰지만 정리문을 쓰지 않기 때문에 좋은 글을 완성하지 못한다. 따라서 반드시 뒷받침문을 정리해주는 게 효과적이다.

또한 문장 쓰기에서 한 문장에 하나의 내용만을 썼듯이 단락에서도 한 가지 주제만 다뤄야 한다. 새로운 주제는 반드시 별도의 새로운 단락에 넣어야 한다.

서론은 도입과 본론에서 다룰 내용, 화제 제시, 글의 전개 방향에 대해 쓴다. 서론을 쓸 때는 출제된 문제를 반복해서 앵무새처럼 쓰지 않도록 주의해야 한다. 가령 '국제교류에서 정의를 어떻게 지킬지에 대해 써라'는 문제가 나왔다고 치자. 그럴 때 마치 이 문제를 자신이 내는 것처럼 '국제교류에서 정의를 어떻게 지킬지 다뤄보기로 한다'는 형태로 시작하면 안 된다는 것이다.

본론은 논제를 다루는 대목이다. 논제가 준 문제대로 따라가기만 하면 된다. 예를 들어 '(가)와 (나)를 요약하여 (다)에 나오는 한국 교육의 문제를 비판하고 한국 교육이 나아갈 방향을 제시하라'는 문제가 출제되면 본론의 순서를 배열할 필요도 없다. 문제가 요구하는 대로 순서를 따라가면 된다.

첫째, (가)와 (나) 요약. 둘째, (다)에 나오는 한국 교육 문제 요약. 셋째, (가)와 (나)의 요약된 내용으로 (다)에 드러난 한국 교육 비판. 끝으로 한국 교육이 나아갈 방향. 이렇게 순서를 따라가기만 하면 된다.

본론을 쓸 때 주의할 점은 지나치게 많은 논거를 활용하지 말라는 것이다. 너무 많은 논거는 지식의 자랑이 되기 쉽다. 오히려 문제지에 주어진 제시문의 예를 적극 활용하는 것이 훨씬 알찬 논술이 된다. 따라서 제시문의 논거를 최대한 활용하자.

또한 극단적인 논거는 좋은 논거가 아니다. 부유층의 예를 들면서 빌 게이츠나 스티브 잡스 같은 사람을 예로 들어서도 안 되고 서민의 예를 들기 위해 노숙자를 끌어오는 것도 극단적인 예다.

결론에서는 본론을 요약하고 논제를 확인하며 논제를 강조한다. 본론을 요약한다고 해서 본론을 세세하게 요약할 필요는 없다. 본론을 한두 문장으로 압축해서 요약하고 논제를 재확인하면서 강조한다. 결론에서 주의할 사항은 본론에 없는 새로운 내용을 쓰면 안 된다는 점이다. 창의적인 방안이라 하더라도 본론에서 논의된 내용과 연결된 이야기만 해야 한다.

특히 많은 학생들이 당위적 결말을 낸다. 당위적 결말이란 초등학생의 일기장 같은 내용을 쓴다는 말이다. 초등학생은 거의 모든 일기에 내일은 이렇게 살아야겠다거나 다음부터는 이런 잘못을 저지르지 않겠다는 판에 박힌 다짐을 쓴다.

가령 한국 교육이 나아갈 방향을 쓰라고 하면 '우리는 앞으로 교육을 잘해서 위대한 대한민국을 만들어야 한다'는 결론을 꽤 많이 볼 수 있다. 앞에서 본 논제는 나아갈 방향을 제시하라는 것이지 대한민국을 어떻게 만들어갈지를 쓰는 게 아니다. 그럼에도 불

구하고 습관적으로 무언가를 각오하고 다짐하는 글을 쓰는 학생들이 많다. 이런 결론 쓰기는 좋은 방법이 아니다. 오직 논제가 요구하는 것으로만 마무리하면 된다.

이런 기술적인 것 외에 많은 분야에서 사색이나 토론 과정을 거치는 것이 좋다. 특히 시사적인 문제 중에서도 인간과 사회의 본질과 관련된 주제들을 깊이 관찰하는 게 효과적이다. 논술은 글 쓰는 솜씨보다 글에 들어 있는 내용이 더 중요하기 때문이다.

예를 들어 이혼 문제에 대해 생각해보자. 왜 한국 사회에 이혼이 급속도로 증가할까? 이것은 단지 결혼제도의 문제에서 야기된 것은 아니다. 경제 발전, 특히 여성의 경제력 상승과 밀접한 관련이 있다. 여성이 경제적 자립을 할 수 있게 되자 이혼이 느는 것이다. 그런데 경제적 자립은 저절로 된 것이 아니다. 과거에는 재산 상속이 아들 중심으로 이뤄졌으나 이제는 여성에게도 동일한 권리가 주어져서 부모로부터 재산을 얻게 됐다.

또한 여성 스스로 노동을 통해 경제적 자립을 할 수 있게 됐다. 동시에 자유롭게 살고 싶은 여성의 욕구가 어우러진 결과다. 이것은 단지 여성의 자유 확대나 재산의 형성 차원에서 끝나는 것이 아니다. 전통적 가치의 몰락을 의미한다. 따라서 이 문제는 이혼이라는 사회문제가 전통 가치의 변화라는 인문학적 문제와 결부돼 있다. 이러한 형태의 문제에 대해 깊이 고민하는 사람은 논술을 잘하게 된다. 따라서 이런 부류의 독서와 토론, 사색을 하는 것이 논술 훈련의 핵심 중 핵심이라 하겠다.

하지만 이런 구체적인 강의 내용보다 더 생각나는 것은 논술 시험에 대한 선생님의 의견이다. 원래 논술은 외국 대학의 에세이를 따라 시행한 입시제도다. 하지만 외국 대학이 주로 학생의 개인적 체험과 가치관, 인생관 등을 중심으로 글을 쓰게 하는 반면 한국의 논술은 대학 논문만큼 어렵다. 따라서 청소년인 학생들이 자기를 솔직하게 드러내는 훌륭한 글을 쓰는 게 아니라 틀에 짜이고 맞춰진 글을 써야 하는 비극적 상황에 직면해 있다는 것이다. 최 선생님은 이제부터라도 한국의 입시 논술이 방향을 바꿔야 학생들의 창의적인 글이 나온다고 주장했다. 창의적인 글을 쓸 수 없는 문제를 주면서 창의적인 글을 쓰라고 강요하는 억지 논리는 비판의 대상이라는 것이다.

또 하나는 논술을 강조하는 사회에 대한 비판이었다. 선생님의 경험에 따르면 대부분 수능 성적과 학생부 성적이 대학입시를 좌우하지, 논술이 결정적인 역할을 하진 못한다. 논술을 잘 써야 대학에 가는 것이 아니라 논술을 너무 못 쓰면 떨어질 수 있다고 이해하는 쪽이 맞다. 따라서 논술을 잘 써서 대학을 가기보다 잘못 쓰지 않아서 대학에 떨어지지 않도록 하면 된다는 것이다.

한데 많은 언론과 학원 심지어 교육방송에서도 논술의 중요성을 지나치게 강조한다. 마치 논술을 하지 않으면 대학에 탈락할 것처럼 선전한다. 그것은 어디까지나 상업적인 목적에서 나온 과장된

주장이다. 일선 학원은 말할 것도 없이 언론사가 논술 교재를 팔아서 떼돈을 벌려 하고 교육을 위해 설립된 교육방송이 앞장서서 장사를 하려고 학생과 학부모를 향해 공갈 협박을 던진다. 따라서 논술로 인해 당락이 결정된다는 허황된 주장에 놀아나는 우리 교육 현실이 안타깝다는 이야기였다.

최 선생님은 논술보다 구술 혹은 면접이 중요하다고 했다. 많은 학생과 부모 들이 논술을 하려면 글을 잘 써야 하며, 면접을 하려면 말을 잘해야 한다고 생각하지만 그것은 오해다. 정말로 글을 잘 쓰는 사람은 작가가 될 것이요, 말을 잘하면 중세에서 근대 사이에 존재했던 변사(辯士)가 될 것이다. 대학은 글쟁이나 말쟁이를 뽑는 게 아니라 학문할 능력이 있는 사람을 선발하는 것이므로 글도 말도 꼭 필요한 이야기를 하는 게 중요하다.

자신이 할 말을 잘 전달하기 위해서는 마땅히 사전지식이 풍부해야 한다. 따라서 폭넓은 독서가 중요하다. 신문을 통해 시사적인 지식을 얻는 것이 불필요한 건 아니나 대단히 중요하지도 않다. 시사지식과 학문적 능력은 큰 관계가 없다. 전통적으로 교과서적 지식, 백과사전식 지식을 쌓으면서 독서를 통한 깊이 있는 사고를 훈련해야 한다.

평소 폭넓게 독서를 한다면 시험 직전에는 지망하는 전공 분야와 관련 있는 책을 세 권 이하로 골라서 집중적으로 읽는 게 좋다. 모든 책에는 해당 분야의 다양한 지식이 실려 있으므로 세 권 정도의 책을 외우다시피 읽으면 그 분야에서만큼은 꽤 깊이 있는 대답을 할 실력을 갖추게 된다.

최 선생님은 일주일에 두 번씩 10회 동안 논술 쓰기, 면접과 구술에 대해 강의했다. 마침내 나는 보란 듯이 서울대학교에 입학했다.

나와 부모님 모두 최 선생님을 만난 것에 감사했다. 엄마는 선생님을 소개해준 이모에게 고마움의 표시로 옷 한 벌을 선물했다.

논술 쓰기의 뼈대

논술은 판에 박은 글이 아니다. 모든 글은 창의적이어야 하며 논술도 예외일 수 없다. 하지만 소설에 일정한 형태가 있듯이 논술에도 일정한 규칙과 원칙이 있다.

1. 요약하는 능력
대다수의 논문이 요약이며 대학의 논술도 훌륭한 요약을 요구한다. 따라서 남의 글을 많이 요약하면 논술을 잘할 수 있다.

2. 글을 구성하는 방법
글은 처음과 중간과 끝이 있는데 이른바 서론·본론·결론이다. 이들의 구성은 1:3:1의 분량으로 구성한다.

3. 단락 쓰기
한 단락은 하나의 주제만을 쓰되 200자 전후로 쓴다. 400자를 넘지 않도록 노력한다. 특히 각 단락도 처음과 중간과 끝이 있어야 한다. 이때 '주제문-뒷받침문-정리문'의 순으로 구성한다.

4. 문장 쓰기
한 문장은 40자 이내로 쓴다. 40자 이내로 문장을 쓰기 위해서는 두 가지 사실을 이은 문장으로 쓰지 않는 게 중요하다. 문장이 길어지지 않기 위해 한 문장에는 오직 하나의 사실만을 쓴다.

5. 서론 · 본론 · 결론의 내용 조직

서론은 도입과 본론에서 다룰 내용, 화제 제시, 글의 전개 방향에 대해 쓴다.

본론은 논제를 다루는 대목이다. 문제지가 제시한 논제대로 따라가면 된다. 본론을 쓸 때 주의할 점은 지나치게 많은 논거를 활용하지 않는 것이다. 또한 극단적인 논거는 좋은 논거가 아니다.

결론에서는 본론을 요약하고 논제를 확인하며 논제를 강조한다. 본론을 한두 문장으로 압축해서 요약하고 논제를 재확인하면서 강조한다. 결론에서 주의할 사항은 크게 두 가지다. 첫째, 본론에 없는 새로운 내용을 결론에 쓰면 안 된다. 둘째, 당위적 결말을 쓰면 안 된다. 오직 논제가 요구하는 것으로만 마무리하면 된다.

6. 사색과 토론

논술을 잘하기 위해 다양한 분야에서 사색이나 토론 과정을 거치는 것이 좋다. 특히 시사적인 문제 중에서도 인간과 사회의 본질과 관련된 주제들을 깊이 관찰하는 게 효과적이다. 논술은 글 쓰는 솜씨보다 글에 들어 있는 내용이 더 중요하다. 다양한 분야에 관련한 독서와 토론, 사색을 하는 것이 논술 훈련의 핵심 중 핵심이다.

chapter 20

최 선생님에게
보내는 메일

　세월은 그리움의 그림자를 더 길고 가늘고 흐리게 만든다. 어느새 4년의 세월이 흘러 대학 졸업을 앞둔 가을이다. 고3이 인생에서 가장 힘든 시기일 거라고 생각했던 과거의 나는 사라진 지 오래다. 인생은 갈수록 복잡하고 힘들어진다는 어른들의 말이 틀리지 않다는 것을 실감한다. 대학생활은 고3과 비교할 수 없을 만큼 치열하고 힘들었다.

　4년이 지난 지금도 그때 친구들 중 몇 명과는 서로 연락을 한다. 동현이는 나보다 한 해 늦게 대학에 들어왔다. 우수한 성적으로 대학에 들어온 녀석은 지금 열심히 학생운동을 한다. 요즘 같은 시대에 학생운동을 한다고 비웃을지 모르지만 아무도 가지 않는 길을 가는 것이 가장 어렵고 위대하다는 교훈을 생각하면, 동현이는 훌륭하게 제 갈 길을 가는 것 같다. 재벌 아들로 태어났으나 이제는 끼니를 걱정하며 사는 동현이의 짧은 인생이 그를 많이 바꿔놓았다. 이제 더 이상 비속어도 욕질도 하지 않는다. 그는 진지한 투사로 성장하고 있다.

나무늘보는 중국으로 유학을 갔다고 한다. 하긴 그 성적으로 한국에서 대학을 가긴 힘들었을 것이다. 중국에 가서 잘하란 법은 없으나 중국 대학에서는 한국만큼 공부에 짓눌리지 않으며 생활할 수 있을 것이다. 강남 사는 부모, 즉 잘사는 부모 덕에 공부를 하지 않아도 이런 기회가 주어진다는 것은 일종의 특혜다. 나무늘보는 그게 특혜인지 알고나 있을지 궁금하다. 녀석은 중국에서도 평행봉에 매달려 하늘을 쳐다보고 있는 게 아닐까?

명수는 나와 같은 과에 있다. 대학도 좋은 성적으로 졸업하게 됐다. 지금은 고등학교 때와는 달리 굉장히 쾌활하다. 그동안 병석에 있던 명수 어머니도 많이 회복하셨다. 명수는 과외를 해서 생활비를 번다. 나는 아버지께 명수의 장학금을 지원해달라고 부탁했다. 아버지는 명수의 상황을 듣고 나서 흔쾌히 내 제안에 응해주셨다. 명수도 그 사실을 안다. 앞으로 명수와는 평생 좋은 친구가 될 것 같다.

은하는 지금 내 여자친구다. 은하는 좋은 대학에 진학하지 못했지만 인생에서 대학이 전부는 아니다. 나는 은하의 당찬 모습이 좋

다. 우리 부모님도 은하를 긍정적으로 생각한다. 은하는 대학을 다니면서도 왕성하게 자기계발을 하며 미래를 차근차근 준비하고 있다. 은하는 내 미래를 위한 좋은 친구이자 조력자다. 나는 졸업과 동시에 유학을 떠난다. 지금 계획대로라면 은하도 같이 갈 것이다.

무교 녀석도 궁금하다. 은하에게 한 방 먹은 후 너무나 달라졌던 그 친구는 지금 무엇을 할까? 또 다른 친구들은 다들 어떻게 지낼까? 학교 선생님들은 안녕하실까? 마음씨 좋던 사회 선생님, 고약했던 문학 선생님, 그리고 원리원칙주의자였던 담임선생님……. 모두 잘들 계실까?

나는 한동안 그 시절 사람들을 생각하던 끝에 최 선생님께 이메일을 쓰기로 결심했다. 메일에 쓸 내용을 차근차근 정리해보았다. 이번에는 선생님이 어떤 답을 하실까?

선생님, 이선제입니다. 최근 보도를 통해 학원가에서 일어난 사건을 접하고 선생님 생각이 나서 이렇게 글을 드립니다.

이렇게 글을 시작한 뒤 잠시 허공을 쳐다보며 선생님과 했던 대화를 떠올렸다. 대학입시가 끝난 후 나는 최 선생님이 적중시킨 문제들을 보고 적이 놀랐다. 그래서 내가 물은 적이 있다.

"선생님은 이미 여러 차례 문제를 적중시켰다고 했는데 왜 아직도 방송을 안 타세요?"

선생님은 한참 생각에 잠겼다가 대답했다.

"유명해지는 것이 싫어서. 특히 사교육 시장에서 유명한 선생이 되는 것은 부끄러운 일 같아서."

맞다. 선생님은 나와 함께 수업을 하면서 심심찮게 부끄러운 듯한 미소를 지었다. 시선을 마주치기를 꺼렸던 것도 기억에 남는다. 하지만 선생님은 미리 시험지를 열어보거나 나쁜 짓을 한 게 아니라 스스로의 통찰력으로 문제를 적중시켰는데 무엇이 부끄러울까? 그것도 능력일 텐데. 그때는 그렇게 생각했다.

지금은 신문 기사를 읽으면서 그때와는 다르게 생각한다. 선생님이 왜 부끄럽다고 했는지, 또 나를 만난 첫 시간에 왜 스스로를 배신했다는 말을 했는지 그 마음을 이제는 조금 이해할 것 같다.

무엇이 부끄럽냐는 내 질문에 대한 대답 끝에 선생님은 우리가 공부하던 문학 교재의 한 페이지를 열어보라고 했다. 자신의 목숨을 바쳐 지조를 지킨 성삼문의 아주 잘 알려진 시조였다.

수양산(首陽山) 바라보며 이제(夷齊)를 한(恨)하노라.

주려 죽을진들 채미(採薇)도 하는 것가.

비록애 푸새엣 거신들 긔 뉘 땅에 낫다니.

끝까지 절개를 지키겠다고 수양산으로 들어가 세상을 도피한 중국 상나라 말기의 선비 백이와 숙제를 탓한다. 주나라를 피해 절개

208

를 지키고자 한다면 차라리 굶주려 죽을지언정 주나라 땅에 난 고사리는 왜 캐어 먹었는가? 비록 잡풀일망정 그것도 주나라의 물건이 아니던가?

선생님은 이 시를 한 번 읽어주고선 더 이상 말이 없었다.

나는 모니터에 깜빡이는 커서와 같은 속도로 생각을 이어나갔다. 메일에 무엇을 쓸까 한동안 생각에 잠겼다가 다시 자판을 두드리기 시작했다.

선생님이 나의 은인임은 부정할 수 없습니다. 선생님이 아니었으면 내가 서울대학교에 들어올 수 없었던 것도 인정합니다. 국어 점수를 그렇게나 많이 올려줬고 대학입시에서 내가 필요한 부분을 다 채워주었으니 적어도 대학에 들어오기까지 선생님은 제 인생의 은인이시죠.
그러나 내 인생 전체를 두고 볼 때 선생님이 진정한 은인이었을까에 대해서는 이제 다시 생각해봅니다. 선생님이 나를 가르쳐서 서울대학교에 입학할 수 있도록 실력을 끌어올려주신 것은 우리 집이 잘살기 때문에 가능했던 일일 겁니다. 그렇다면 선생님은 결국 또 하나의 세습된 질서에 동조한 셈입니다. 돈으로 세상을 만들어간 기성세대와 다를 게 없다는 말입니다. 나 같은 부잣집 아들을 가르치고 세습적인 질서를 재생산하는

데 도움을 준 이상 그 때 번 돈으로 가난한 아이들을 도왔다손 치더라도 그 행위가 정당화될 수는 없는 것 아닐까요?

나는 선생님께 진심으로 감사를 표해야 할까요, 말아야 할까요?

나는 최고철 선생님에게 왜 고액 과외 선생이 됐는지 물어본 적이 있다. 그런데 선생님의 인생 이야기를 중간에 하자니 국어 공부와 좀 동떨어져 보여서 뒤늦게 밝히기로 한 것이다. 지금에라도 고액 과외 선생이 된 사연을 밝히는 것이 선생님에 대한 최소한의 예의라 생각한다.

아니, 최 선생님의 인생을 이야기하기 전에 최근 학원가에서 있었던 사건부터 먼저 말하는 게 순서일 것 같다. 학원가 사건 때문에 선생님을 떠올렸기 때문이다. 학원가의 비리가 만천하에 드러난 이번 사건은 학생들을 가르치는 일을 하는 사람들이 한 짓이라고는 도무지 믿지 않을 정도로 충격적이었다.

학원가에서, 특히 내로라하는 강남의 학원, 사교육을 대표하는 거대 학원 그룹이 모의고사 문제를 미리 빼돌려서 학생들에게 가르치고선 마치 자신들이 모의고사 예상 문제를 적중한 것처럼 속였다. 그러고는 자기들이 마치 족집게처럼 예상 문제를 적중했다고 자랑하기까지 했다.

이 사건의 죄질은 겉보기보다 훨씬 나쁘다. 학원들이 완벽한 속임수를 썼다는 점도 나쁘지만 주요 고객인 학생들에게 전혀 이익이 되지 않았다는 점에서 더 나쁘다. 만일 학원이 학생들을 모기눈알만큼이라도 생각했다면 기왕에 시험지를 훔치는 것, 대학입시 문제를 훔쳐야 했을 것이다. 그나마 그 학원을 다니는 학생들은 비싼 수강료를 낸 덕에 대학교라도 잘 갈 수 있었을 테니까. 한데 이 학원들은 대학입시도 아니고 모의고사 문제를 훔쳐다가 학생들에게 가르쳤으므로 학생들은 도움을 받기는커녕 손해만 본 셈이다.

해당 학원생은 시험 정보를 미리 알았다는 사실조차 모른 채 시험을 봤을 텐데 너무나 당연하게도 매번 자기 실력보다 월등히 높은 점수를 받았을 것이다. 따라서 그 학생은 자신의 실력을 과대평가했을 테고 대학입시 당일에도 부푼 기대를 안은 채 시험에 응했을 것이다. 그러나 정작 그동안 받은 성적과 대학입시 성적은 판이할 게 뻔하다. 대학입시에 실패했다는 이유로 극소수의 아이들이 자살을 선택하기도 하는 것이 현실이다. 극단적으로 보면 수많은 학원들이 아이들을 자살까지 몰아가는, 살인 행위까지 서슴지 않은 파렴치를 보여준 사건이다.

학생들 입장에선 학원이 모의고사 문제를 훔쳐다가 가르치는 것은 이토록 고통스러운 결과를 가져온다. 하지만 학원들은 문제를 적중시켰다는 사실을 홍보하는 데 급급해 엄청난 수의 학생들을 끌어 모으고, 결과적으로 그만한 부를 축적하게 된다. 그러니 이 사건은 단지 문제를 빼돌린 정도의 도덕성 결여의 문제로 귀결할 것이

아니라 교육을 하는 자들이 자신들의 욕심을 채우면서 학생들의 성적은 아랑곳하지 않음은 물론, 심하게는 학생들의 인생을 파멸로까지 이끌고 갔다는 데 초점을 맞춰야 한다. 말 그대로 양의 탈을 쓴 늑대들이 학생들을 가르친 현실이다.

하긴 한국 교육의 수장인 자들이 교육자로서 자질이 없는데 학원장들의 양심을 어떻게 기대하겠는가. 그뿐인가? 대통령부터 각급 국무위원들도 온갖 비리와 의혹에 휘말리는 게 대한민국의 현실이니 사회적 책임이 있는 어느 누가 자라나는 학생들에게 교육적 모범을 보일 수 있겠는가!

불법·탈법을 저질러도 출세만 하면 된다고 생각하는 게 한국 어른들의 현주소이고 보면 그것을 보고 배우며 자라는 아이들도 불법·탈법을 저질러서라도 어떻게든 성공만 하면 된다는 교육을 체득하면서 성장할 수밖에 없을지 모른다. 어른들이 "너희는 올바르게 자라라"고 말로 충고하는 것은 전혀 설득력이 없다. 직접 보여주는 교육만이 진정한 교육이라는 점에서 한국 교육의 실패는 불 보듯 빤하거니와 청소년들의 옳지 못한 가치관이 형성되는 것도 지극히 자연스런 결과라 하겠다.

내가 왜 고액의 수업료를 받게 되었는지 최 선생님께 물었을 때 선생님은 다소 엉뚱한 말을 했다.

"혹시 최근 뉴스에서 공부방 어린이들이 갈 곳이 없어서 더 이상 공부를 못하게 됐다는 내용의 기사를 본 적 있니?"

선생님이 나에게 물었다.

"잘 모르겠는데요."

"음, 그래?"

"근데 공부방이 뭘 하는 곳이죠? 과외방인가요?"

사실 그때 공부방이란 말을 처음 들었다. 무엇을 하는 곳인지 전혀 몰랐다. 고액 과외 선생님들이 모이는 일종의 과외방 아닐까 짐작했다.

"아니, 공부방은 상업적인 곳이 아니야. 부모님이 없거나 혹은 보호자가 일을 나가는 동안 혼자 지내야만 하는 청소년들을 위해 뜻있는 사람들이 모여 봉사활동으로 아이들을 가르치는 곳이야."

선생님이 공부방 이야기를 시작했다. 선생님은 대학을 졸업한 후 나보다 다섯 살이 많은 정민이 누나를 가르칠 때도 꾸준히 공부방에 나가 아이들을 돌봤다. 그러다가 정민이 누나의 학년을 끝으로 과외를 그만두고 공부방에서 학생들을 가르치는 일에 전념했다.

하지만 경제적 지원을 하는 후원자가 없이는 시설 유지가 쉽지 않았다. 선생님이 모은 돈도 2년쯤 지나자 바닥을 드러내기 시작했다. 함께 아이들을 돌보던 선생님들이 십시일반 돈을 모았으나 어려운 이웃을 돕는 자원봉사자들 대부분이 그렇듯 선생님들도 가난하긴 마찬가지였다.

'왜 부자들은 이런 봉사를 하지 않을까?'

나는 잠시 생각에 빠졌다. 홀아비 신세는 과부가 안다는 말처럼 어려운 환경을 경험하지 않아서일까? 아니면 본질적으로 한국 사회의 부자들이 어려운 이웃을 도와야 한다는 교육을 받지 못해서일까?

내 경험을 보자면 둘 다 원인이다. 나는 가난을 경험해보지 못해서 가난한 이들의 생활을 잘 모른다. 게다가 이기적이랄까 개인적이랄까, 여유가 있다면 가난한 이웃을 위해 봉사하기보다는 자기계발에 더 매진해야 한다는 가치관을 주입받아왔다. 그런 점은 내 친구들도 마찬가지다. 어려운 환경에 처한 사람들의 고통이나 그들의 삶에 대해서 굳이 고민하지 않는다. 아니 고민하지 않는 정도가 아니라 뇌에 그런 관심 자체가 아예 없다. 관심이 없으니 당연히 고민거리가 될 리 없다.

선생님은 공부방 자리 근처가 재개발되면서 임대료가 대폭 올랐다고 했다. 건물주가 요구하는 임대료를 내면서 공부방을 유지하기란 불가능했다. 최 선생님은 건물주에게 통사정했지만 결국 공부방은 쫓겨났다. 공부방을 다니던 아이들은 더 이상 갈 곳이 없어졌다.

"그렇다면, 애들의 집에 모여서 공부하면 되잖아요?"

내가 이렇게 묻자 선생님은 딱하다는 듯 나를 바라보면서 빙그레 웃었다.

"마리 앙투아네트 알지?"

"네, 프랑스혁명 당시 왕비잖아요?"

"그래, 맞다. 잘 아는구나. 당시 시민들이 먹을 게 없다면서 혁명을 일으켰지. 그러자 그 왕비가 이렇게 말했다고 전하지. 빵이 없으면 케이크를 먹으면 되지 않느냐고."

나는 순간 몹시 부끄러웠다. 선생님은 가난한 사람의 실정을 전혀 모르는 나를 완곡하게 나무랐던 것이다. 선생님의 이야기를 듣고 보니 가난한 아이들에게 공부할 수 있는 개인 공간이 없다는 게 문제였다. 결국 장소를 구할 수 없자 아이들도 선생님들도 뿔뿔이 흩어질 수밖에 없었다. 최 선생님은 크게 낙담했다.

'동기가 정당하다면 과정은 틀려도 괜찮은가. 그런 행위는 타당한가……?'

이런 문제는 옳은 일을 하려는 사람들이라면 모든 세대에서 고민하게 되는 갈등일 것이다. 문제는 그런 고민 끝에 자기 가치관과 다른 영역에 발을 한 번 디딘 사람들이 제자리로 영영 돌아가지 못하는 경우가 많다는 것이다. 그들은 결국 변절자로 전락한다.

선생님도 그런 고민을 피해갈 수 없었다. 부모의 보살핌을 제대로 받지 못하는 아이들을 그대로 두고 돌아설 수 없었다. 어떻게든 부대비용을 마련해야 했다. 하지만 선생님이 돈을 벌 줄 아는 방법이라고는 가르치는 일밖에 없었다. 그래서 다시 사교육 시장으로 돌아왔다. 동시에 제자리로 되돌아가지 못할까 봐 늘 자신을 다잡았다.

사교육 시장으로 돌아오면서도 수강료를 비싸게 받을 생각은 없었다. 그즈음 선생님은 친구 부부의 아들을 가르치게 됐다. 친구

부부는 의사였다. 과외를 받으면서 아이의 성적이 많이 올랐다. 그리고 아이도 최 선생님을 무척 따랐다.

그러던 어느 날, 갑자기 인사할 틈도 없이 과외를 그만해 달라는 일방적인 통보를 받았다. 나중에 알고 보니 아이가 제법 유명하다는 고액 과외 선생님에게로 옮겨갔다고 했다. 물론 아이의 뜻과는 상관없이. 그리고 아이의 아빠이자 의사인 친구에게서 이런 문자 메시지를 받았다.

'갑작스럽게 그만두게 됐다. 여러 가지로 미안하다.'

최 선생님은 이렇게 답을 보냈다.

'그래, 그게 사교육 선생의 아픔이야. 공부 열심히 시켜서 훌륭하게 키우기 바란다.'

그 뒤로 친구는 더 이상 연락하지 않을 뿐더러 선생님과 만나지도 않더란다. 이 일로 선생님은 참 마음이 안 좋았다.

"사교육 선생의 아픔이란 작별인사를 할 틈도 없이 아이들과 헤어지게 된다는 말이었어. 친구가 더 이상 연락이 없는 것으로 보아 혹시나 갑자기 그만두는 바람에 과외 수입이 줄어든 걸 아쉬워하는 것이라고 이해한 게 아닌가 하는 생각이 들더구나. 친구가 그렇게 이해했다면 그 친구는 나에 대해 학생을 돈벌이 수단으로 보고 자기 욕심이나 챙기는 그저 그런 인간으로 보지 않았겠니? 난 그 일로 정말 많이 괴로웠단다."

최 선생님은 그동안 어떻게 살 것인가에 대해 심각하게 고민했다. 빨리 많은 돈을 벌까, 아니면 양심적으로 벌어 좋은 일에 쓸까? 수많은 사교육 선생이 있고 그들은 고액의 강의료를 받으면서 자신의 이익 챙기기에 급급하다. 그들과 달리 최 선생님은 돈을 벌어서 다시 공부방을 일으켜 세우는 게 꿈이었다. 그러나 양심상 과외비를 올리지는 못했다. 그러다 보니 원하는 비용들은 더디 쌓였다.

그러던 차에 의사 친구와의 사이에 이런 문제가 생긴 것이었다. 기왕에 시간과 인생을 투자해서 가르치는 일을 하고 있지 않는가. 어차피 누구는 고액의 과외비를 받을 테고, 다른 누구는 고액의 과외비를 낸다. 친구와의 의리를 저버림은 물론, 아이의 의사도 무시한 채 비싼 선생만 찾아다니는 학부모들이 얼마든지 있는 게 현실이다. 부자들이 어차피 고액의 비용을 지불할 거라면 내가 그만한 과외비를 받아 그 돈을 가난한 아이들에게 쓰는 것이 차라리 낫지 않을까, 최 선생님은 생각했다.

결국 친구의 아들을 가르친 사건을 계기로 최 선생님은 고액 과외 강사로 변신했다. 능력 있는 사람에게서 일종의 격려금을 받아다가 어려운 아이들을 가르친다는, 그 나름대로 일리 있는 합리화를 한 것이다. 마치 대학이 기부금을 받아서 어려운 학생들에게 장학금을 주겠다는 것과 마찬가지 취지라고 생각하기에 이르렀다.

"그러면 선생님은 지금도 공부방 아이들을 위해 돈을 쓰세요?"

"그래, 그런 셈이지."

"좀 이해가 안 되네요. 선생님이 번 돈을 왜 아이들에게 써요?"

"글쎄다. 나는 그 돈은 내 것이라고 생각하지 않아. 뭐랄까, 넌 교회에 나가니까 이해할 수 있겠지만 돈은 하나님의 것이니까. 내가 굳이 가지려고 하지 않아도 되고, 또 나눠 써야 하는 거지."

"아무리 그렇게 말씀하셔도 저는 좀 이해가 안 되네요."

그랬다. 나는 정말로 이해하지 못했다. 특히 가난한 아이들을 위한 공부방 비용을 마련하기 위해 자신의 신념을 꺾고 고액 과외를 하는 선생님의 입장과 본질을 헤아리면, 그것이 옳은지 그른지 판단하기란 참 어려웠다. 하지만 개같이 벌어서 정승같이 쓰는 게 과연 온당한 태도일까?

모든 경우에 적용할 수는 없겠으나, 일반적으로 생각할 때 목적이 타당하더라도 수단과 방법이 옳지 않으면 그 일은 쉬 정당화될 수 없다. 그것이 이미 심각한 사회문제로 인식된 일이라면 더욱 그렇다. 사회문제에 해당하는 행위를 통해 좋은 일을 해도 된다면, 거짓말과 사기로 부를 획득해서 좋은 일에 사용하는 것도 정당화될 수 있을 것이다.

이런 측면에서 최 선생님이 후일 제아무리 사회적으로 가치 있는 일을 하더라도 결국 과도한 사교육 시장의 부정적인 행태에 일조한 이상 정당하다는 평가를 받기는 어렵다. 최 선생님의 말대로 어차피 자신의 욕망을 채우려는 누군가가 가르치고 벌어갈 돈이라면 선생님이 불우한 아이들을 위해 쓰려고 고액 과외를 하는 건 타당할까? 그러한 논리라면 세상에 옳고 그른 가치가 존재할 수 있을까? 또 과연 그것이 선생님이 말하는 하나님의 뜻일까?

사회구성원 모두가 절대적 사명감만으로 살아갈 수는 없는 일이다. 삶의 진정성과 진실성의 문제를 따진다면 누구든 자신의 모습 앞에 고개를 숙여야 할 것이다. 하지만 최소한의 사명감이 필요한 직업들이 있지 않은가. 그중 대표적인 직업이 가르치는 일 아닐까? 공교육, 사교육 모두 말이다.

학생들에게 도움이 되기보다 아이들의 인생을 망치려 드는 그 학원들과 비교해 보았을 때 최 선생님이 학생들을 대하는 태도와 의도는 매우 다르다. 하지만 속된 말로, 선생님껜 미안하지만 결국 그 나물에 그 밥, 오십보백보라는 말이 제격 아닌가 싶다. 학생에게 사기를 치는 학원이건 고액 과외를 하는 선생이건 마찬가지로 우리 사회에서는 암적인 존재다. 설령 사회가 그들을 암적 존재로 보지 않더라도 그들의 존재 자체가 암적일 수 있다.

그래서 나는 내 자신과 선생님께 묻고 싶었다. 선생님은 나의 은인인지 아닌지.

나는 선생님께 진심으로 감사해야 하는 걸까요, 말아야 하는 걸까요?

나는 글을 마무리하고 선생님의 가슴에 질문의 돌덩이를 던지는 심정으로 '편지 보내기' 버튼을 클릭했다.

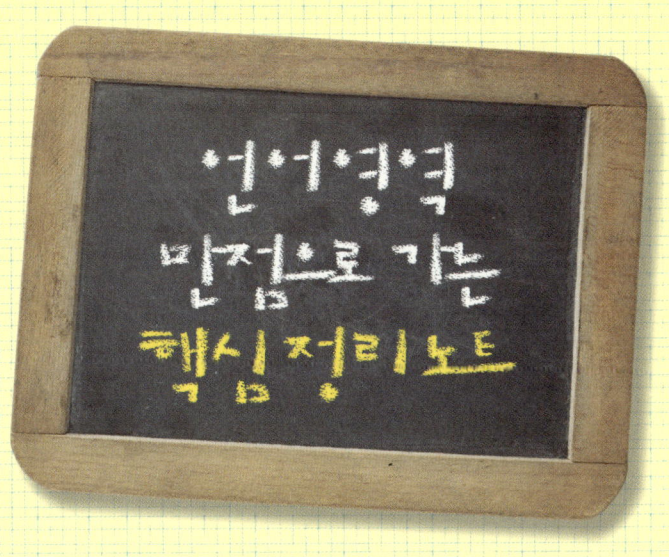

언·어·영·역
만점으로 가는
핵심 정리노트

국어의 표현법

표현법		정 의	예 문
감정이입		자신의 감정이나 느낌, 정신을 자연의 풍경이나 예술작품 따위에 불어넣거나, 대상과 자기가 서로 통한다고 느끼는 일.	임과 헤어져 돌아오는 길에 하늘의 눈은 붉게 충혈되어 있었다.
과장법		사물을 실상보다 지나치게 크게 혹은 작게 표현함으로써 문장의 효과를 높이려는 표현법.	쥐꼬리만 한 땅→축소과장 지축을 뒤흔드는 웃음소리 → 확대과장
대구법		비슷한 어조나 어세를 가진 어구를 짝 지어 표현의 효과를 나타내는 것.	오라 하며 말라 하고, 말라 하며 오라 하랴.
대유법 (대표 비유)	세유	사물의 한 부분으로 전체를 나타내는 표현법.	인간은 빵만으로 살 수 없다.→빵은 음식물을 의미한다. 이때 빵이 음식물의 부분집합이면 제유법이다.
	환유	어떤 사물을, 그것의 속성과 밀접한 관계가 있는 다른 낱말을 빌려서 표현하는 방법.	넥타이 부대가 큰일을 해냈다.→넥타이는 회사원을 의미하지만 회사원의 부분집합이 아닌 경우 환유다.
대조법		서로 반대되는 대상이나 내용을 내세워 주제를 강조하거나 인상을 선명하게 하는 표현법.	인생은 짧고 예술은 길다.
도치법		정서의 환기와 변화감을 끌어내기 위해 말의 차례를 바꾸어 쓰는 문장 표현법.	보고 싶어요. 붉은 산이, 그리고 흰 옷이.
돈강법		대부분의 소설처럼 갑작스럽고 극적인 결말.	김유정의 〈동백꽃〉에서 점순이와 나의 사랑이 시작되면서 끝나는 것과 같은 구조를 돈강법이라 한다.
돈호법		사람이나 사물의 이름을 불러 주의를 불러일으키는 표현법.	여러분! 친구야!
문답법		묻고 답하는 표현법.	이러한 일이 과연 옳은 일인가? 그렇지 않다.

미화법	표현 대상을 실제보다 아름답게 나타내는 표현법.	수정처럼 별빛처럼 빛나는 눈동자.
반어법	참뜻과 반대되는 말을 하여 문장의 의미를 강화하는 수사법.	잘났군, 잘났어.
비교법	앞뒤의 사실을 비교함을 나타내는 연결법.	꽃보다 붉은 함성.
생략법	독자에게 여운이나 암시를 주기 위해, 문장의 구절을 간결하게 줄이거나 빼버리는 표현법	
설의법	의문문 형식으로 표현하여 상대편이 스스로 판단하게 하는 표현법.	내일은 과연 해가 뜰 것인가?
억양법	우선 누르고 후에 올리거나, 우선 올리고 후에 누르는 방식으로 문세(文勢)에 기복을 두어 효과를 노리는 표현법.	그는 모자라지만 착실한 사람이야. 그녀는 영리하지만 게을러.
언어유희	말이나 글자를 소재로 하는 놀이(비슷한 소리를 사용하는 경우가 많다).	시집살이가 개집살이. 네 서방인지 남방인지 오긴 왔다.
역설법	역설을 표현 수단으로 하는 표현법(반어법에는 문장 표현상 모순이 없으나 역설법에는 문장 내용상 모순이 드러난다).	황홀한 슬픔. 눈부시지 않은 눈부심.
연쇄법	말꼬리를 이어 사용하는 표현법.	봄이 가면 여름이 오고 여름이 가면 가을이 오고 가을이 가면 겨울이 온다.
열거법	내용적으로 연결되거나 비슷한 어구를 여러 개 늘어놓아 전체의 내용을 강조하는 표현법.	인류에는 황인종 · 백인종 · 흑인종 외에도 다양한 인종이 있다.
영탄법	감탄사나 감탄 조사 따위를 이용해서 기쁨 · 슬픔 · 놀람 같은 감정을 강하게 나타내는 표현법.	아야! 앗 뜨거워!
은유법	사물의 상태나 움직임을 암시적으로 나타내는 표현법(주로 'A는 B 다', 'A의 B' 형태다).	내 마음은 호수요. 청춘의 불꽃.

의성법	사물의 소리를 흉내 낸 말.	멍멍. 땡땡.
의인법	사람이 아닌 것을 사람에 비겨 사람이 행동하는 것처럼 표현하는 방법.	꽃이 웃는다. 강물은 말없이 흐른다.
의태법	사물의 모양이나 태도를 그대로 모방하는 표현법.	시냇물이 졸졸 흐른다. 어슬렁어슬렁 걷기.
인용법	자기의 이론을 증명하거나 주장을 강조하기 위해 남의 말이나 글을 따오는 표현법(남의 말이나 글을 그대로 따오는 직접인용과 그것을 요약·정리해서 따오는 간접인용이 있다).	직접인용:김구 선생은 "나의 소원은 조국 독립이다"라고 말했다. 간접인용:글은 곧 인격이라고 말한 사람도 있다.
점강법	크고 높고 강한 것에서부터 점차 작고 낮고 약한 것으로 끌어내려 표현함으로써 강조의 효과를 얻는 방법.	온 세계가 대한민국을 주목하고 대한민국이 서울을, 서울이 한강을, 한강이 이 다리를 주목한다.
점층법	문장의 뜻을 점점 강하고 크고 높게 표현해서 마침내 절정에 이르도록 하는 방법.	작은 시골에서 중·소도시로, 중·소도시에서 대도시로, 대도시에서 세계로.
직유법	비슷한 성질이나 모양을 가진 두 사물을 직접 비유하는 표현법(같이·처럼·듯이·마냥·인양과 같은 연결어로 결합).	그는 여우처럼 교활하다. 꽃같이 아름다운 마음.
풍유법	본뜻은 숨기고 비유하는 말만으로 숨은 뜻을 암시하는 표현법(주로 속담이나 격언으로 표현).	소 잃고 외양간 고치는 격이다.
활유법	무생물을 생물인 것처럼, 감정이 없는 것을 감정이 있는 것처럼 표현하는 방법.	바위가 숨을 쉰다.
현재법	과거나 미래의 사실, 또는 눈앞에 없는 사실을 마치 눈앞에 있는 것처럼 나타내는 표현법.	나는 어제 친구와 학교에 간다.

오 류

오류란 언어 사용이나 자료 판단, 논증의 방법 등이 잘못돼서 논리적 이치에 어긋난 생각이나 표현이다. 오류에는 크게 심리적 오류·자료적 오류·언어적 오류가 있다.

1) 심리적 오류
어떤 논지에 대한 타당한 근거를 들지 않고, 상대의 감정이나 기분을 자극해서 설득하려 할 때 생기는 오류.

오류	정 의	예 문
동정(연민)에의 호소	동정이나 연민에 호소해서 논지를 받아들이게 하는 오류.	재판장님, 이 사람에게는 어린 자식과 노부모가 있습니다. 물론 그가 잘못한 것은 사실이지만, 이번 한 번만 그의 어린 자식과 노부모를 불쌍히 여겨 용서해주십시오.
공포(위험·위협)에의 호소	어떤 논지를 공포·위험·공갈·협박·근심·불안 등의 이유로 받아들이게 하는 오류.	시끄러워. 다시 한 번 그런 얘기를 하면 그냥 놔두지 않겠어!
사적 관계에의 호소	친구·동창·동향 등의 관계에 있는 사람의 인정에 호소함으로써 논지를 받아들이게 하는 오류.	내가 잘못한 것은 알지만, 친구 좋다는 게 뭐니? 딱 한 번만 눈감아줘.
대중에의 호소	합리적 근거를 결여한 주장을 대중의 편견·감정·심리·열광 등에 호소해서 동의를 얻어내고자 하는 오류.	손님, 아직 스마트폰을 구입하지 않았습니까? 요즘 같은 정보화 사회에 스마트폰이 없다면 어떻게 현대인이라 하겠습니까?
부적합한 권위에의 호소	특정한 분야의 권위자를 다른 분야의 전문가나 권위자로 내세워서 어떤 견해를 정당화하려는 오류.	빌 게이츠는 미래는 서로 도와야 하는 사회라고 했습니다. 그러므로 우리나라도 모든 사업을 중단하고 구제사업에 모든 힘을 쏟아야 합니다.

인신공격	인품이나 성격을 비난함으로써 그 사람의 주장이 잘못됐다고 지적하는 오류.	그 사람이 키가 큰 것을 보면 속이 비었을 게 뻔해.
정황에의 호소	직업·직책·직위·처지 등 어떤 사람이 처한 정황을 비난함으로써 그의 주장을 비판하는 오류.	교사라는 사람이 어떻게 번듯한 자동차도 없어? 저 사람이 하는 말은 다 거짓말일 거야.
피장파장 (역공격)	비판받은 내용이 비판하는 사람에게도 그대로 적용됨을 근거로 비판에서 벗어나려는 오류.	동물을 사랑해야 한다고? 그런 넌 왜 닭고기를 먹니?
원천 봉쇄 (우물에 독 뿌리기)	반론이 일어날 수 있는 원천을 비판함으로써 반론의 제기를 불가능하게 하여 자신의 논지를 옹호하는 오류.	미국산 소고기 수입을 반대하는 사람은 반미주의자임에 틀림없어. 그러므로 우리는 모두 미국산 소고기 수입에 찬성해야 해.

2) 자료적 오류

논거로 든 자료에 대해 잘못 판단하여 결론을 이끌어내는 오류다. 의도적으로 잘못된 자료를 사용하는 경우도 여기에 포함된다.

오류	정의	예문
성급한 일반화	제한된 정보, 부적합한 통계 자료, 대표성을 결여한 사례 등에 근거해서 성급하게 일반화하는 오류.	아휴, 저 옷차림 좀 보세요. 저 머리 꼴은 어떻고요. 요즘 젊은이들은 모두들 자기 기분밖에 모른다니까요.
무지에의 호소	어떤 주장이 반증되지 못했기 때문에 참 또는 거짓이라고 일방적으로 결론을 내리는 오류.	이 방에 공기 입자가 있다는 걸 설명해봐. 못하지? 이 방엔 공기가 없는 거야.
원칙 혼동	상황이 달라졌음에도 불구하고 동일한 원칙을 적용하는 오류.	작년까지 짜장면은 틀린 말이었어. 그러니 너희는 짜장면이라고 쓰면 안 돼.

의도 확대	의도(意圖)하지 않은 결과에 대해 의도가 작용했다고 보는 오류.	아니, 이번 여름방학에 친구들과 제주도에 가겠다고? 너 공부 안 하고 대학에 갈 수 있을 것 같아? 그렇게 대학에 가기가 싫어?
원인 오판 (잘못된 인과관계)	단순한 시간적 선후관계를 인과관계로 오인하거나, 어떤 결과의 원인이 아닌 것을 그 결과의 원인으로 잘못 받아들이는 오류.	우리 팀이 축구시합에서 진 것은 다 너 때문이야. 네가 축구만 보면 우리 팀이 꼭 지더라.
발생학적 오류	어떤 이념(사상 · 이론)의 기원(원천)이 갖는 속성을 그 이념도 갖고 있다고 추론하는 오류.	저 가문은 조상이 왕족이라잖아. 그래서 저 아이들이 점잖은 거야.
합성 · 분할의 오류	어떤 대상의 부분의 속성을 전체의 속성으로 보거나, 전체의 속성을 부분의 속성으로 보는 오류.	걱정 마. 우리 합창단의 솔로는 최고 실력파야. 그러니까 우리 합창단이 노래를 가장 잘할 거야.
자가 당착의 오류	자신의 주장 · 전제 · 결론 사이에 모순이 나타나는 오류.	단, 모든 인간은 자유와 평등을 누릴 권리가 있다. 그러나 우리 사회에는 많은 사람들의 자유와 평등을 방해하는 집단이 있다. 많은 사람들을 위해 이 집단은 우리 사회로부터 격리할 수밖에 없다.
흑백 사고	어떤 종류(집합)의 원소가 단 두 개밖에 없다고 보는 오류.	그녀는 나를 좋아하지 않는다고 했다. 나의 어떤 점이 그렇게 밉게 보였는지 알 수가 없다.
논점 일탈	한 논점에 관한 결론을 내리지 않고, 이와 관계없는 새로운 논점을 제시해서 본래 논점과 무관한 결론에 이르게 하는 오류.	답이 3번이든 4번이든 서로 자기주장만 내세우고 있을 거야? 그렇게 할 일이 없으면 운동장에 나가서 공이나 차.
순환 논증 (선결 문제 요구의 오류)	참이 증명되지 않은 전제에서 결론을 도출하거나, 전제와 결론이 순환적으로 서로의 논거가 될 때 나타나는 오류.	"철수네 집이 어디지?" "찬우네 집 옆이야." "찬우네는?" "바보 아니냐? 철수네 집 옆이지."

3) 언어적 오류

언어를 잘못 사용하거나 잘못 이해하는 데서 빚어지는 오류.

오류	정 의	예 문
애매어의 오류	두 가지 의미로 사용될 수 있는 단어의 의미를 명백히 분리해서 파악하지 못하고 혼동함으로써 생기는 오류.	모든 인간은 죄인이다. 죄인은 벌을 받아야 한다. 그러므로 모든 인간은 벌을 받아야 한다.→ 죄인의 뜻이 혼동되어 있다.
은밀한 재정의	사전적 의미에 자의적 의미를 은밀하게 덧붙임으로써 생기는 오류.	아무리 바빠도 그렇지, 그런 행동은 너무 이기적인 것 아니니? 너 같은 이기주의자는 우리 사회에서 격리돼야 한다고 생각해.

설명(진술) 방법

1) 묘사

대상을 그림 그리듯 표현하는 방법이 묘사다. 나무 한 그루가 서 있는 들판을 그리면서 들판의 넓이는 50미터, 나무의 크기는 7미터라고 자로 재어서 그리는 사람은 없다. 단지 오감으로 느낀 것을 그리고자 한다. 이처럼 눈으로 보고 느낀 것을 그리는 표현 방법을 묘사라고 한다. 다음 문장을 살펴보자.

> 금붕어는 참 잘들도 생겼다. 내리비치는 5월 햇살에 금붕어들이 그릇 바탕에 그림자를 내려뜨렸다. 지느러미는 하늘하늘 손수건을 흔드는 흉내를 낸다.

이 문장은 눈에 보이는 금붕어를 그린 것이지 금붕어의 길이는 7센티미터, 그림자의 길이는 15센티미터 등으로 표현하지 않았다. 이와 같은 표현법을 묘사라고 한다.
반면 사물이나 풍경의 외관을 자로 재듯 표현하는 것을 분석이라고 한다. 따라서 외관을 표현할 때 분석을 묘사라고 하면 안 된다는 사실을 기억하자.

2) 서사와 과정

부분이나 전체의 사건을 자세히 풀어쓴 표현이 서사다.

> 그러나 또쭐이, 들깨, 철한이, 봉구 이들 장정을 선두로 빈 짚단을 든 무리들은 어느새 벌써 동네 뒤 산길을 더위잡았다. 철없는 아이들도 행렬의 꽁무니에 붙어서 절 태우러 간다고

부산하게 떠들어댔다.

서사의 '서'는 스토리(story), 즉 이야기가 있다는 뜻의 글자다. 이야기를 풀어쓰면 서사이고 요약하면 과정이다. 서사와 과정을 착각하는 학생이 많다.
과정은 시간 순에 따라 사건의 진행이나 일의 경과를 설명하는 방법이다. 과정은 전체의 요약, 즉 줄거리에 초점이 맞춰져 있다.

> 몸의 일부분으로부터 모여든 피는 허파의 우심방에 이르고 정맥 피는 밸브로 하여 우심실로 들어간다. 우심실에서 나온 피는 허파 동맥들로 허파에 퍼 올려져 산화된다.

그러면 오늘 나의 하루 일과를 두고 생각해보자.

> ㄱ) "나는 아침에 늦게 일어났다. 등교해서 공부하다가 돌아와서 저녁을 먹고 도서관에 갔다."

> ㄴ) "나는 아침에 늦게 일어났다. 때문에 헐레벌떡 학교까지 뛰어가야 했다. 그렇게 등교해서 공부하다가 돌아와서 저녁을 먹고 도서관에 갔다."

이때 ㄱ)은 과정이고 ㄴ)은 서사다. '헐레벌떡 뛰어간' 구체적인 사건이 들어간 미세한 차이 때문에 서사와 과정으로 나뉜다. 문제를 푸는 학생들이야 억울하겠으나 문제를 내는 선생님들은 이런 차이를 오히려 '잔인하게' 즐긴다.
억울하더라도 서사와 과정을 차이를 알아둬야 피가 되고 살이 되며 국어 점수가 올라간다.

3) 분석과 분류

분석은 대상의 속성을 상위개념(혹은 큰 것)에서 하위개념(혹은 작은 것)으로 나누는 방법이다. 분류는 상·하위 개념을 일정한 기준에 의해 나누는 설명 방법이다. 상위개념을 하위개념으로 나누는 방법을 구분, 하위개념을 상위개념으로 묶는 방법을 분류라고 한다. 그러나 통상 둘을 뭉뚱그려서 분류라고 한다.

이러한 개념에도 불구하고 친구들은 이 둘을 혼동하는 경우가 많다. 분석과 분류를 구분하는 아주 쉬운 방법이 있다. 상위개념을 하위개념으로 쪼개보자. 그랬을 때 쪼개진 하위개념이 원래 상위개념이 갖고 있던 기능을 갖지 못하면 분석, 원래의 기능을 가지면 분류가 된다. 다음 예문을 눈여겨 읽어주기 바란다.

> ㄱ) 귀뚜라미의 오른쪽 날개는 왼쪽 날개 위에 포개져 거의 몸 전체를 뒤덮고 있다. 오른쪽 날개는 등 위에서 거의 똑바르게 나 있으며, 옆구리 위에서 거의 직선으로 꺾이고, 얇게 되어 몸통을 이루고 있다.

> ㄴ) 한국의 전통음악은 일반적으로 정악과 민속악으로 구분된다. 정악은 궁중에서 연주되던 넓은 의미의 아악과 선비들이 즐기던 아정(雅正)한 음악을 가리키며, 민속악은 판소리·산조·민요·농악 등을 지칭하는 것으로 서민들 사이에 즐겨 연주되고 감상되던 음악이다.

ㄱ)은 귀뚜라미를 오른쪽 날개와 왼쪽 날개로 나누어 설명한다. 그러면 오른쪽 날개는 여전히 귀뚜라미인가? 변신합체가 가능한 귀뚜라미가 아니고서야 날개는 더 이상 귀뚜라미가 아니다. 따라서 ㄱ)은 분석이다.

ㄴ)은 한국의 전통음악을 정악과 민속악으로 나누었다. 그러면 나누어진 정악은 여전히 한국의 전통음악인가? 그렇다. 이처럼 쪼갠 뒤에

도 여전히 상위개념의 기능을 발휘하면 그것은 분류가 된다.
참고로 묘사에서 말했듯이 외모를 자로 재듯이 표현하면? 그것은 분석이라고 했다. 주의하길 바란다.

4) 인과

인과는 설명이 필요 없을 만큼 쉽다. 원인과 결과를 나타낸 문장이 인과문이다.

> 우리 민족은 자랑스러운 민족이다. 제일 큰 증거는 우리가 독자적인 문자를 갖고 있다는 것이다. 세계사에는 숱한 민족이 흥망성쇠를 거듭해왔지만 자신들의 독특한 문자를 보유한 경우는 매우 드물다.

위의 문장도 인과다. 인과문이라고 하기엔 어딘가 어설프다. 그 까닭은 굳이 결과라고 할 수 있는 문장이 첫 문장이기 때문이다. 결과가 첫 문장으로 와도 될까? 물론이다. 인과문에서는 원인과 결과의 순서가 아니라 논리적 관계가 중요하다.

5) 대조와 비교

서로 상반된 특성이나 사물을 견주는 것을 대조, 서로 유사한 것을 견주는 설명 방법을 비교라 한다.

> ㄱ) 여자는 사고유형이 남자와 다르다. 여자는 대개 현재 상태를 생각하는 경향이 있다. 남자가 미래에 눈을 주는 것과는 다르다. 여자는 보통 가정, 사랑, 안정성 등을 생각한다. 이는 남자들의 모험, 사업, 성 문제 등을 생각하는 것과는 대조적이다.

ㄴ) 영화는 스크린이라는 일정한 공간 위에 시간적으로 흐르는 예술이며, 연극 또한 무대라는 제한된 공간 위에서 시간적으로 형상화되는 예술이다. 또한 두 예술은 개인 예술이 아니고 여러 부문의 예술이 종합되어 비로소 완성되는 종합예술이라는 점에서도 서로 공통된다.

ㄱ)은 여자와 남자의 차이를 설명한다. 이것이 대조다. ㄴ)은 영화와 연극이 어떻게 닮았는지 설명한다. 이처럼 서로 유사한 특성을 설명하는 방법이 비교다.

6) 예시
예시는 많은 사람들이 잘 알고 있는 설명 방법이다. 어떤 주장에 대해 구체적 사례를 들어 진술하는 방법을 예시라 한다.

세계 인종들이 갖고 있는 각각 다른 신체적 특징들은 대개 기후에 대한 적응의 결과로서 오랜 기간에 걸쳐 생성된 것이다. 예를 들어 에스키모 인의 두껍고 지방이 많은 눈꺼풀은 극심한 추위에서 안구(眼球)가 동결되는 것을 막기 위한 것이다.

예시가 시험의 답으로 나오면 일종의 보너스 점수로 볼 수 있다. 그럼에도 불구하고 틀리는 학생이 심심찮게 있다.

7) 비유와 유추
비유는 나타내고자 하는 대상을 보조관념을 통해 표현하는 진술 방법으로 은유·직유·대유 등의 비유법을 사용한다. 유추는 비유와 혼동하기 쉽지만 비유와 다르다. 유추는 귀납법의 한 종류로 유비추론에 해당한다. 대상 갑을 설명하기 위해 대상 을을 활용하는 진술 방법으

로 대상 을의 특성이 대상 갑이 갖는 특성과 유사하다는 점을 들어 갑을 보다 쉽게 표현하는 방법이다.

ㄱ) 무덤들은 떼옷을 곱게 차려 입고 향나무와 갖가지 꽃나무들로 치장을 하고 있었다. 마치 잘 가꾼 조그만 정원 같았다.

ㄴ) 법의 양면성은 울타리와 비교될 수 있다. 울타리는 우리의 시야를 가리고 때로는 바깥 출입의 자유를 방해한다는 점에서 답답한 존재다. 그러나 부질없이 낯선 사람의 눈총을 막아주고 악의에 찬 침입자를 막아서 가정의 안전하고 포근한 삶을 보장하는 점에서 울타리는 고마운 존재다. 법은 이러한 울타리처럼 달갑지 않은 면이 있으면서도 우리 사회에 없어서는 안 되는 필수 불가결한 것이다.

ㄱ)은 무덤을 잘 가꾼 정원에 비유한 것으로 직유법에 해당한다. 이처럼 비유법을 사용하면 비유라고 한다.
ㄴ)은 궁극적으로 법에 대해 설명하고자 한다. 그러나 법에 대해 직접 설명하기보다 상징적 특성이 유사한 울타리를 설명함으로써 듣는 사람이 법을 쉽게 이해하도록 의도했다. 이와 같은 설명 방법을 유추라고 한다.

8) 지정과 정의
지정은 어떤 대상을 손가락으로 짚듯이 가리키는 설명 방법이다. 지정은 지시적 의미가 강하다. 반면 정의는 낱말의 의미를 명확히 해서 개념의 내용을 한정하는 설명 방법이다. 정의와 지정은 "A는 B다"라는 형태를 취한다. 하지만 정의는 본질적 속성을 설명하는 데 반해 지정은 지시적 의미를 부여한다는 점에서 차이가 있다.

ㄱ) 연극이란 그림이나 조각 또는 스크린에 담긴 인간이 아니라 관객과 호흡을 같이하는 산 인간들이 연출하는 살아 있는 예술이다.

ㄴ) 동요란 어린이들이 부르는 노래로, 누구나가 어렸을 때 많이 불러보았기 때문에 짙은 향수를 불러일으킨다. 특히 동요는 놀이를 하면서 부르는데다가 사회를 풍자하고 앞일을 예언하는 구실도 하기 때문에 재미도 있을 뿐만 아니라 음미할수록 가슴 깊이 파고드는 정을 느끼게 한다.

ㄱ)은 지정이고 ㄴ)은 정의다. 다양한 설명을 할지라도 학생들 입장에서는 지정과 정의를 구별하기가 쉽지 않다. 지정과 정의를 구별하는 알기 쉬운 방법이 있다.

"A는 B다"에서 A에 해당하는 것을 피정의항이라고 하고 B에 해당하는 것을 정의항이라고 한다. 이때 피정의항인 A를 가려두고 생각을 해보자. ㄱ)에서 피정의항인 '연극'을 가려두고 생각해본다. '그림이나 조각 또는 스크린에 담긴 인간이 아니라 관객과 호흡을 같이하는 산 인간들이 연출하는 살아 있는 예술'에는 연극 외에도 뮤지컬·판소리·무용·발레 등 다양한 장르가 해당된다. '연극'의 자리에 다른 피정의항이 들어갈 수 있다.

이번에는 ㄴ)에서 설명한 어린이들이 부르는 노래는 오직 동요뿐이다. 따라서 ㄴ)에서는 다른 피정의항이 들어갈 수 없다.

피정의항을 대체할 수 있으면 지정이고, 다른 어휘로 대체할 수 없으면 정의다. 이 방법을 취하면 문장의 설명 방법이 지정인지 정의인지 쉽게 구별할 수 있다.

소설가로 등단한 지 만 20년이 되었다. 하지만 어느 자리에서 내어놓고 소설가라고 말할 수 없을 만큼 소설과는 담을 쌓고 살았다.

하지만 '강영길 선생입니다' 이렇게 말하면 미래에 한국을 이끌어갈 많은 적지 않은 청년들, 특히 속칭 'SKY'에 진학했거나 졸업한 많은 청년들이 내 이름을 알 것이다. 소설가로 사는 대신 아이들 가르치는 일을 했기 때문이다.

나는 '족집게 선생'이라는 말을 좋아하지 않지만, 7년 연속 수능 출제 지문을 한 지문 이상 적중시키는 사이 나도 모르게 그렇게 불리고 있었다. 그렇다고 해서 내가 '찍기'를 원한 건 아니었다. 그저 나에게 배운 학생들에게 이런 것들이 중요하다는 말을 했을 뿐이다. 그러나 우연히도 그렇게 되었다. 또 적지 않은 학생들의 언어 점수가 석 달에 30점 이상씩 상승했다. 심지어 일 년에 50점 가량 오른 학생도 있고 100점 만점으로 환산하면 60점이 오른 학생도 있었다. 그뿐 아니다. 여러 대학의 논술과 면접 문제를 적중시켰고 논술 지문을 적중한 일도 있다. 그러나 이런 사실에 대해 소문을 내지는 않았다. 그런 소문을 내는 것조차 장삿속으로 보였기 때문이다.

우리 학원을 소수정예 학원이라고 생각은 해본 적이 없으나 어느새 소수정예 학원이 되었다. 한 반에 여섯 명까지만 받았더니 어느새 최상류층 학생만 다니는 학원이 되었다. 그렇게 했음에도 불구하고 학원은 날로 성장했다.

나는 강남의 한 고등학교에서 교단에 섰고 이어서 90년대 중반 서초동에 국어 전문 학원을 차렸다. 당시에는 대치동이 지금처럼 학원가로 명성을 얻기 전이었다. 따라서 서초동 학원가도 대치동 학원가와 규모가 비슷한 시대였다. 당시 서초동은 대치동이나 압구정처럼 점수에 치중하지 않았기 때문에 비교적 여유를 갖고 중장기적인 국어 교육을 하기에 참 좋은 분위기였다. 당장의 점수만 쫓아다니기보다 소가 쟁기질을 하듯 인문학적 소양을 키워서 내신 국어와 수능, 논술 등 국어의 전 분야에서 탄탄한 실력을 쌓을 수 있도록 가르치기에는 서초동 분위기가 더없이 좋았다.

나는 그런 분위기에서 간판조차 달지 않고 국어학원을 운영했다. 선생이 광고를 한다는 것도 겸연쩍었고 간판을 다는 것도 낯간

지러웠다. 한번은 감사를 나온 교육청 직원이 왜 간판을 안 다느냐고 따져 물었다. 간판을 크게 다는 것이 불법인 줄은 알지만 간판을 안 다는 것도 불법이냐고 내가 되묻자 교육청 직원은 이해할 수 없다는 듯이 쳐다보다가 돌아갔다.

학원 이야기를 하고 싶은 것은 아니다. 나는 그동안 학원 선생으로 사느라고 94년 이후 2008년까지 한 권의 책도 쓰지 않았다. 그러면서도 누군가 직업을 물으면 늘 소설가라고 답했다. 사실 웃기지도 않는 주장이다.

하지만 학원을 운영하는 것, 아니 사교육에서 선생으로 사는 것은 참으로 쉽지 않은 일이다. 무엇보다 존재가치에 대한 회의를 많이 한다. 학생들을 상대로 수강료를 받는 것이 나에겐 무척이나 힘든 일이었다. 그래서 늘 나의 본업으로 돌아가고 싶었고, 3년 전 글쟁이로 돌아가기로 결정했다.

그래서 모든 것을 내려두었다. 학원도 자발적으로 그만 두었다. 그렇게 하고 글쓰기를 시작했다. 글을 쓰다가 문득, 내가 그동안 가르쳐온 것을 버리고 싶지 않아졌다. 그래서 입시와 씨름하고 있는 모든 학생들에게 내가 했던 강의를 읽게 해주고 싶다는 생각이 들어 이 책을 쓰기 시작했다.

이 책에는 문제 풀이 기술부터 시작해서 수능에서 지문 선택의 흐름은 물론 중학교부터 어떻게 국어 공부를 탄탄하게 할지에 대해서도 기술했다. 어떻게 하면 시험문제를 잘 찍을지에 대해서도 설명했고 현장에서 만난 학생들이 가장 힘들어하는 문제에 대해 실제적인 대안들을 제시했다. 특히 시간을 안배하는 문제점 등에 대한 확실한 대답들이 있다.

이 책이 어쩌면 너무나 많은 학습서 중 하나가 될 수 있겠지만, 또 어쩌면 아주 좋은 국어 문제 풀이 지침서가 될 수도 있지 않을까? 아니, 그렇게 되리라고 믿고 싶다. 그동안 소위 강남 사교육 시장에서 꽤 이름을 얻고 인기도 누렸으나 나 개인적으로는 그렇게 해서 얻은 것들이 덧없다는 생각을 떨칠 수 없었다. 그간 소수정예 엘리트 학생들을 가르치던 노하우와 공부법을 책으로나마 모두와 공유하는 것이 우리나라의 얼룩진 사교육 현실에 대한 일말의 책임을 지는 동시에 내가 가진 재능을 기부하는 기회가 되기를 바란다. 국어 공부를 잘하고 싶은 학생이라면 누구라도 한 번쯤 주의 깊게 읽어주었으면 좋겠다. 또 국어를 가르치는 분이나 학부모님들도 이 책을 통해 국어 공부에 기준을 잡을 수 있을 것 같다.

내 생각을 온전히 이해하고 출판을 결정해준 한권의책 가족들이 내 후원자가 되어주신 데 대해 감사드린다. 정말로 무리한 결정을 하였으나 출판사가 나 아닌 이 세상의 학생들에게 든든한 후원자가 될 것임을 믿어 의심치 않는다.

—2012년 이른 더위에, 강영길